MARCO POLO

Reisen mit Insider Tipps

KANADA

Nord-polarmeer
Grönland (DÄNEMARK)
Alaska (USA)
Nunavut
Nord. Polarkreis
Yukon-Territ.
Nordwest-Territorien
ATLANTISCHER OZEAN
British Columbia
Hudson Bay
KANADA
Neufundland & Labrador
Alberta
Manitoba
Québec
N. P.E.I
Vancouver
Saskat-chewan
Ontario
Montréal
Br. Neu-schott-land
Ottawa
Toronto
USA
New York

MARCO POLO Autor
Karl Teuschl

Der auf Nordamerika spezialisierte Autor und Filme-macher bereist Kanada seit über 20 Jahren. Er studierte in Los Angeles und lebt heute als Nordame-rikakorrespondent von „GEO"-Saison in Vancouver. Ständig ist er unterwegs auf der Suche nach neuen und interessanten Themen. Vor allem die wilde Natur der Westküste hat es ihm angetan, die Regenwälder, die Fjorde und Insellabyrinthe – und die Bären.

www.marcopolo.de/kanada

W0235781

Die besten Insider-Tipps → S. 4

INSIDER TIPP

Atlantikküste → S. 32

Québec → S. 44

Ontario → S. 62

SYMBOLE

INSIDER TIPP ▶ Insider-Tipp

★ Highlight

● ● ● ● Best of ...

☼ Schöne Aussicht

☺ Grün & fair: für ökologi-
sche oder faire Aspekte

(*) Kostenpflichtige
Telefonnummer

**PREISKATEGORIEN
HOTELS**

€€€ über 160 Euro

€€ 90 – 160 Euro

€ unter 90 Euro

Die Preise gelten pro Doppel-
zimmer. Kinder schlafen im
Zimmer der Eltern meist
gratis

**PREISKATEGORIEN
RESTAURANTS**

€€€ über 35 Euro

€€ 18 – 35 Euro

€ unter 18 Euro

Die Preise gelten für ein
Abendessen mit Vorspeise,
Suppe oder Salat. Mittags
liegen die Preise ca. 40
Prozent niedriger

INHALT

Die Prärien → S. 80

Der Westen → S. 86

Nordterritorien → S. 104

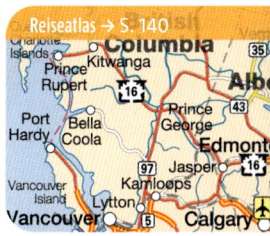
Reiseatlas → S. 140

KARTEN IM BAND
(142 A1) Seitenzahlen und Koordinaten vom Reiseatlas
(O) Ort/Adresse liegt außerhalb des Kartenausschnitts
(U A1) Koordinaten für die Karte von Vancouver im hinteren Umschlag
Karte von Montréal → S. 50
Karte von Québec → S. 57
Karte von Toronto → S. 75
Es sind auch die Objekte mit Koordinaten versehen, die nicht im Reiseatlas stehen

UMSCHLAG HINTEN: FALTKARTE ZUM HERAUSNEHMEN →

FALTKARTE 〰
(〰 A–B 2–3) verweist auf die herausnehmbare Faltkarte
(〰 a–b 2–3) verweist auf die Zusatzkarte auf der Faltkarte

Die besten MARCO POLO Insider-Tipps

Von allen Insider-Tipps finden Sie hier die 15 besten

INSIDER TIPP ▸ Einkaufen auf dem Bauernmarkt
Ahornsirup, frisches Biogemüse, leckere Hummersandwiches – typisch kanadisch, der Farmers' Market in Fredericton → S. 36

INSIDER TIPP ▸ Den Papageitauchern ganz nah
Die Boote von Julien Clautier fahren auf Beobachtungstour zu den Vogelkolonien der Île Bonaventure an der Mündung des Sankt Lorenz → S. 48

INSIDER TIPP ▸ Kleinstadtidylle
Im Städtchen Niagara-on-the-Lake, nur gut 20 km von den weltberühmten Wasserfällen entfernt, warten wunderbar nostalgische Postkartenmotive auf Sie → S. 68

INSIDER TIPP ▸ Adrenalinstoß auf 356 Metern
Edge Walk: ein schwindelnder Blick über die Wolkenkratzer Torontos (Foto o.), den Sie nie vergessen werden → S. 76

INSIDER TIPP ▸ Auf den Spuren der „Titanic"
Viele Relikte in Halifax erinnern an den Untergang der „Titanic", und die meisten Opfer wurden hier begraben → S. 39

INSIDER TIPP ▸ Das Mekka der Eishockeyfans
Einmal *goalie* sein und Wayne Gretzkys Schlittschuhe sehen? Oder den legendären Stanley Cup? Torontos Hockey Hall of Fame macht's möglich → S. 77

INSIDER TIPP ▸ Karibik-Feeling
Aufwendige Kostüme, heiße Rhythmen: Mitte Juli feiern die Einwanderer aus Trinidad ausgelassen das Caribana-Festival in Toronto (Foto re.) → S. 121

INSIDER TIPP ▸ Das beste Rauchfleisch
Das jüdische Schwartz's Deli in Montréal serviert die besten *smoked meat sandwiches* der Welt – die müssen Sie einfach probiert haben → S. 53

BEST OF ...

TOLLE ORTE ZUM NULLTARIF
Neues entdecken und den Geldbeutel schonen

SPAREN

● *Sonntagskonzerte im Park*
Nach schöner alter Tradition geht man in Halifax sonntagnachmittags in den Park. Denn in den *Public Gardens* gibt es den Sommer über Gratiskonzerte vor der grünen oder blumenbunten Kulisse der Gartenanlage nur wenige Schritte von der Zitadelle → **S. 42**

● *Freie Kunst in Québec City*
Kultur soll den Bürger möglichst wenig kosten, das ist die Devise der Politik in Québec. Tatsächlich haben Sie freien Eintritt in das größte Kunstmuseum, das *Musée National des Beaux Arts*, um das alte und neue Kunstschaffen der Provinz kennenzulernen → **S. 52**

● *Goldgräberfeeling pur*
Hätte *Dawson City* einen Zaun rundherum, würde jeder hier ein Museumsdorf vermuten. Aber die original erhaltene Stadt des Goldrauschs von 1898 ist quicklebendig und bietet ganz ohne Eintrittsgebühr wunderbare Fotomotive und viel Pionierflair → **S. 105**

● *Tosendes Wasser*
Großartige Landschaften und Naturschauspiele in Kanada sind meist in Nationalparks geschützt – und kosten Eintritt. Nur die allerberühmteste Sehenswürdigkeit nicht: die *Niagarafälle*. Lediglich das Parken kostet Geld → **S. 66**

● *Mounties exerzieren lassen*
In ihren knallroten Paradeuniformen sind die Polizisten der *Royal Canadian Mounted Police* ein echter Hingucker und ein perfektes Fotomotiv. In ihrem Hauptquartier in Regina treten die jungen Mounties dreimal wöchentlich zum Appell an → **S. 82**

● *Sonnenaufgang in der Neuen Welt*
Vor dem Leuchtturm am *Cape Spear* könnten die Fischer von Neufundland ein Häuschen zum Kassieren aufstellen. Tun sie aber nicht. So ist jeden Morgen hier der erste Sonnenaufgang in der Neuen Welt kostenlos zu bewundern (Foto) → **S. 43**

●●●● Diese Punkte zeichnen in den folgenden Kapiteln die Best-of-Hinweise aus

TYPISCH KANADA
Das erleben Sie nur hier

● *Paddeln auf dem Opeongo Lake*

Seen und Elche, Felsen, Wälder, Einsamkeit – so will es das Image von Kanada. Und bei einer Kanutour im *Algonquin Park* können Sie diesen Traum perfekt erleben. Für die Wildnistour lassen sich hier Zelt und Schlafsack mieten → S. 63

● *Räucherlachs schlemmen*

Im Public Market auf *Granville Island* in Vancouver liegen die kulinarischen Schätze Westkanadas aus: Himbeeren, Ziegenkäse, Austern, Heilbutt – und der beste Räucherlachs der Welt → S. 98

● *Am Fluss der Wale*

Im Unterlauf des St-Laurent leben mehr Walarten als irgendwo sonst auf der Erde. Um den Tadoussac können Sie Blau- und Belugawale erleben und bei *Kajaktouren* ganz nah an die großen Meeressäuger herankommen → S. 61

● *Mit dem Bike durch Montréal*

In Montréal können Sie sich wunderbar treiben lassen. Am schönsten mit den preiswerten *Bixi-Bikes*. Von der Altstadt entlang der Kanäle am St-Laurent ins Uni-Viertel St-Denis – so erlebt man Montréal wie die Montréaler → S. 54

● *Eisbären besuchen*

Jawohl, es gibt sie noch: Die weißen Riesen der Arktis sehen aus wie Plüschtiere, aber gefährliche. In ihrem Lebensraum an der Hudson Bay bei Churchill sind sie aus den vergitterten Tundra-Buggys von *Frontiers North* Ende Oktober gut – und nah – zu beobachten (Foto) → S. 82

● *Seeblick in den Rocky Mountains*

Die Aussicht vom *Bow Pass* auf den Peyto Lake wird Sie umwerfen. Manchmal macht das auch der Wind hier oben auf gut 2000 m, sonst ist es die leuchtend grüne Farbe des Gletschersees. Eindrucksvoller geht's nicht in den Rockies → S. 88

● *Landschaft genießen am Atlantik*

Cape Breton Island bietet die wildesten und schönsten Panoramen der Ostküste. Am *Cabot Trail* reihen sich in bunter Folge Fischerorte und zerklüftete Felsküsten, liebliche Täler und umtoste Klippen → S. 35

TYPISCH

BEST OF ...

REGEN

● *Unterirdisch shoppen*
Ein Regentag lässt sich in der *Ville Souterraine* von Montréal mühelos zubringen, ohne dass Sie je nach draußen müssen. Fast 2000 Läden und Lokale unter der Erde bieten reichlich Abwechslung. Auch im Winter ideal → S. 54

● *Mit Wasser experimentieren*
Mit Kindern lässt sich ein Regentag ideal im *Ontario Science Centre* verbringen: Zu entdecken sind Geheimnisse des Regenwalds, magnetisches Wasser und Pfeilgiftfrösche → S. 77

● *In Thermalquellen chillen*
Nichts Schöneres, als an einem feuchten, kühlen Tag im heißen Wasser zu sitzen. Ideal dafür sind die *Upper Hot Springs* in Banff, aber auch in anderen Orten der Rockies locken solche Thermalquellen → S. 89

● *Bei Regen in den Regenwald*
An der Westküste von Vancouver Island gedeiht echter Regenwald. Klar, dass es hier im *Pacific Rim National Park* öfters regnet. Wale und Bären lassen sich davon nicht stören – und Sie hoffentlich auch nicht → S. 100

● *In Drumheller Dinos besuchen*
Bei Gewittern schüttet es in der Prärie Albertas ganz gewaltig. Dann ist das *Royal Tyrrell Museum* in Drumheller ein trockener Zufluchtsort. Der Bonus: Wenn es regnet, werden ringsum in den Badlands neue Fossilien freigelegt. Vielleicht entdecken Sie ja eine neue Dino-Art → S. 92

● *Leuchtturm ahoi!*
Schlechtes Wetter darf Sie in *Peggy's Cove* (Foto) an der Südküste von Nova Scotia nicht schrecken. Der typische Nebel sorgt in den Bootshäfen sogar für besonders stimmungsvolle Bilder → S. 40

ENTSPANNT ZURÜCKLEHNEN
Durchatmen, genießen und verwöhnen lassen

● **Massage auf dem Wasser**
Schon die Lage des *Bota Bota Spa* in Montréal ist recht ungewöhnlich: Es liegt auf einem umgebauten alten Fährschiff im Hafen. Auf fünf Stockwerken locken hier Whirlpools, Saunen und Massageräume
→ S. 23

● **Auf dem Yukon in die Wildnis**
Auch eine Art der Entspannung und keine schlechte: mit einem Kanu auf dem Yukon River von Whitehorse bis nach Dawson City durch die Wildnis zu driften. Ausrüstung und Kanumiete erhalten Sie bei *Kanoe People* in Whitehorse → S. 106

● **Wohnen im Jahr 1920**
Wie war es wirklich in der guten alten Zeit? Im Museumsdorf von *Val Jalbert* dürfen Sie in den Häusern der Arbeiter von damals wohnen und somit völlig der Zeit entrückt die Nacht verbringen. Gemütlichen Plausch auf der Veranda am Abend inklusive → S. 61

● **Niagaras Weine verkosten**
Von der klimatisch milden, sonnigen Niagara-Halbinsel kommen die besten Weine Kanadas. Wie gut sie sind, dürfen Sie in entspannter Atmosphäre in rund einem Dutzend Kellereien um *Niagara-on-the-Lake* selbst probieren (Foto) → S. 68, 71

● **Entspannung auf Kanadisch**
Gutes Bier und gute Musik serviert die gemütliche Hafenspelunke *Split Crow* in der Altstadt von Halifax. Fast jeden Abend tritt eine andere Band auf. Zurücklehnen und entspannt im Takt wippen → S. 40

● **Mit dem Schiff in die Rocky Mountains**
Warum schweißtreibend die Gipfel erklimmen, wenn der Ausblick vom Wasser fast ebenso schön ist? Die halbtägige *Waterton Shoreline Cruise* mit einem historischen Schiffchen zeigt die Rockies von ihrer besten Seite – man kommt sogar zu einer Stippvisite über die Grenze in die USA → S. 92

AUFTAKT

ENTDECKEN SIE KANADA!

Sympathisch jung ist Kanada und riesengroß. Ein Land wie ein Kontinent, mit reichlich Platz für Träume und für viele Erlebnisse in der oft noch unberührten Natur. Wie wäre es mit Eisbergbeobachtung auf Neufundland? Oder mit einem Ausritt vor der Kulisse der Rocky Mountains? Mit einer Nacht im Leuchtturm in Québec oder einer Tour zu den Bären der Westcoast? Als Sprungbrett ins Hinterland dienen urbane Oasen, deren Vitalität ansteckt. Lebenslustige Metropolen wie Vancouver, Toronto oder Montréal laden ein zu einem Multikulti-Essen, zum stundenlangen Shoppen oder zum Abhängen in coolen Lounges.

Trotz der pulsierenden Großstädte lockt aber die meisten Kanada-Urlauber der Ruf des Abenteuers und der Wildnis, denn außerhalb der ohnehin dünn gestreuten Städte ist Kanada ein urgewaltiges, wildes Land von scheinbar unendlichen Dimensionen. Zusammen mit Alaska nimmt Kanada mehr als die Hälfte des nordamerikanischen Kontinents ein und ist mit fast 10 Mio. km² Fläche nach Russland das zweitgrößte Land der Erde. Von der Küste am Atlantik bis zur Küste am Pazifik misst es über 5500 km

Bild: Waterton Lakes National Park

Die niedrige Bevölkerungsdichte Kanadas ermöglicht viel ländliche Wohnidylle

und umspannt sechs Zeitzonen. Fast dreißigmal würde Deutschland in diese Ausmaße hineinpassen. Allein die Festlandküsten Kanadas an drei Meeren – Atlantik, Pazifik und Polarmeer – summieren sich auf rund 58 500 km Länge. Die vorgelagerten Inseln und Archipele sind dabei noch gar nicht eingerechnet. Dort finden sich viele der Bodenschätze (Öl, Erdgas, Nickel, Eisen, Gold), die Kanadas Wirtschaft gut durch die weltweite Wirtschaftskrise brachten und den kanadischen Dollar kräftig steigen ließen.

Kanada dehnt sich über sechs Zeitzonen aus

In diesem riesigen Land wohnen nur rund 35 Mio. Menschen. Dies bedeutet statistisch eine Bevölkerungsdichte von nur drei Einwohnern pro Quadratkilometer – in Mitteleuropa sind es fast hundertmal mehr. Hinzu kommt, dass die Menschen

Um 35 000 v. Chr.
Paläo-indianische Jägervölker wandern über die Beringstraße nach Nordamerika

Um 1000 n. Chr.
Wikinger erkunden Vinland, das heutige Neufundland

1497
John Cabot segelt in britischem Auftrag nach Neufundland

1535/36
Der Franzose Jacques Cartier entdeckt den St.-Lawrence-Strom und verwendet erstmals den Namen Kanada

1608
Samuel de Champlain gründet Québec City

nicht gleichmäßig übers Land verteilt leben: Gut 80 Prozent der Kanadier wohnen in einem nur 300 km schmalen Streifen nördlich der Grenze zu den USA. Die am dichtesten besiedelte Region ist

Der Norden des Lands ist fast menschenleer

das St.-Lawrence-Tiefland zwischen den Großen Seen und dem Atlantik. Der Norden hingegen ist fast menschenleer.

Kanada ist ein Land der Kontraste: So offenbart sich von Küste zu Küste auch eine ungeheure Vielfalt von ursprünglichen Landschaften und modernen Städtepanoramen. Im Osten steigen die steilen Klippen von Labrador und Neufundland aus dem Atlantik. Die Menschen dort leben in winzigen Fischerdörfern entlang der oft sturmumtosten Klippen. Weitaus milder ist das Klima in den Atlantikprovinzen Nova Scotia und New Brunswick. Kleine, blitzsaubere Hafenstädte liegen an der buchtenreichen, felsigen Küste. Die Bewohner arbeiten im Fischfang und tischen gern leckere Hummer auf. Die dicht bewaldeten Bergzüge im Hinterland gehören zum uralten Appalachengebirge, das die Gletscher der Eiszeiten zum sanften Mittelgebirge abgeschliffen haben. Die kleine, von roten Kartoffeläckern überzogene Inselprovinz Prince Edward Island rühmt sich der schönsten und wärmsten Meeresstrände des Lands.

Nach Westen hin schließt sich das fruchtbare St.-Lawrence-Tiefland an, das von den Ufern des Stroms bis an die Großen Seen reicht. Im Tiefland liegen die wichtigsten Metropolen, und dort schlägt das wirtschaftliche Herz der Industrienation. Québec City, Montréal, Toronto – wie Perlen reihen sich die Städte am St. Lawrence und am Lake Ontario, glänzen mit postmoderner Architektur und buntem Völkergemisch.

1670 Londoner Kaufleute gründen die Hudson's Bay Company

1759 Die Schlacht um Québec: Neufrankreich wird britische Kolonie

1793 Pelzhändler Alexander Mackenzie durchquert als Erster den Kontinent

1867 Die Geburt Kanadas: Die Kolonien im Osten werden zur Dominion of Canada erklärt

1881 Die Hudson Bay Company wird zur größten Handelsgesellschaft Kanadas

Nicht zu vergessen die elegante Bundeshauptstadt Ottawa mit ihren spektakulären Museen und gepflegten Parks.

Nördlich der Städte und der sattgrünen Farmen des Tieflands beginnt das stille Reich der Granitkuppen und Wälder des Kanadischen Schilds. Wie ein riesiges Hufeisen legt sich das von den Gletschern rund gehobelte, uralte Gestein um die Hudson Bay. Der Kanadische Schild macht fast die Hälfte der Landfläche Kanadas aus. Eine Region der ungebändigten Flüsse, Seen und tiefen Wälder, die bis weit nach Norden reicht und schließlich in die baumlose Tundra der Arktis übergeht. So ist der Norden Ontarios, Québecs und der Prärieprovinzen ein Dorado für Angler und Kanufahrer.

Ganz anders dagegen der Südteil der Prärien in Manitoba und Saskatchewan: endlose goldene Felder bis zum Horizont. Der „Brotkorb Kanadas" endet erst weit im Westen, am Fuß der gletschergekrönten Rocky Mountains. Dieses noch sehr junge Gebirge gehört zu den Nordamerikanischen Kordilleren, deren Bergzüge auch die fjordreiche Westküste des Lands prägen. Geologisch und geschichtlich ist dies der jüngste Teil Kanadas. Kaum 150 Jahre ist es her, dass die ersten Städte entstanden. Hier sind zudem die ursprünglichen Bewohner des Kontinents, die Indianer, noch am stärksten vertreten. In ihren alten Stammesgebieten leben sie in kleinen Dörfern und vertreten heute mit zunehmend größerem Selbstbewusstsein ihre Rechte.

Kanada ist offiziell zweisprachig

Kanada ist offiziell ein zweisprachiges Land. Auf jeder Verpackung im Supermarkt steht die Produktbeschreibung auf Englisch wie auf Französisch. Knapp ein Drittel der einheimischen Bevölkerung spricht als Muttersprache Französisch – überwiegend jedoch die Bewohner der Provinz Québec, in der Mehrheit Nachfahren der französischen Siedler des 17. und 18. Jhs. In allen anderen Regionen Kanadas wird fast ausschließlich Englisch gesprochen.

Reisenden und Urlaubern bietet Kanada eine vorzügliche touristische Infrastruktur mit gut ausgebauten Straßen, sauberen Hotels und Motels in allen Regionen und zahlreichen Fremdenverkehrsbüros, deren Mitarbeiter gern mit vielen Tipps weiterhelfen. Vielseitige Museen, vorzügliche Restaurants und bunte Märkte machen den Aufenthalt in den Städten kurzweilig. Im Hinterland gibt es einsam gelegene

1885 Fertigstellung der Trans-Canada-Eisenbahnlinie

1897/98 Goldrausch am Klondike

1901 Erste Funkverbindung von Neufundland nach Europa

1931 Kanada wird souveräner Staat im British Commonwealth

1962 Bau des Trans-Canada-Highway, der ersten Straße vom Atlantik zum Pazifik

1965 Kanada nimmt das Ahornblatt in die Nationalflagge auf

Achtung, Eisberg voraus! Wer vor Neufundland Kajak fährt, muss mit Hindernissen rechnen

lodges, guest ranches und Angelcamps, die den Einstieg in die Wildnis erleichtern. Eine besondere Attraktion sind die *National Parks,* in denen die spektakulärsten Landschaften und wichtige Ökosysteme unter Schutz gestellt sind. Die schönsten sind sicherlich die Parks der Rocky Mountains, Banff und Jasper, doch auch jeder einzelne der anderen ist einen Aufenthalt wert. Und Gelegenheiten, Abenteuer zu erleben, gibt es viele. Sei es bei einem Ausritt im *Ranch Country* von Alberta oder einer Fotosafari in den Northwest Territories, bei einer Kanutour im Algonquin Provincial Park oder einer Wanderung im

Ausritte in Alberta, Kanutour in Ontario

Hochland der Gaspé-Halbinsel. Und auch eine gemütliche Tour mit dem Wohnmobil kann das Gefühl von Freiheit und Weite vermitteln. Wenn dann die Flammen des Lagerfeuers züngeln, im Abendrot ein Elch im Riedgras des flachen Sees äst oder über dem dunklen Wald ein Weißkopfseeadler kreist, wird der Urlaub zum Traumurlaub.

1967 Steigende Ölpreise führen zum ersten Abbau der Athabasca-Ölsande in Alberta

1995 Québecer stimmen gegen die Separation – Kanadas Einheit ist gesichert

1999 Die Inuit erhalten ein eigenes Territorium im hohen Norden: Nunavut

2010 Olympische Winterspiele in Vancouver und dem Skiort Whistler

2012 Dank vieler Öl- und Rohstoffvorkommen boomt Kanadas Wirtschaft

IM TREND

1 Made in Canada

Design Aus Kanada stammen kreative Köpfe, die das Design auf der ganzen Welt prägen. So wie Alexandre Verdier, der dem VW Bulli eine Auffrischungskur nach Öko-Gesichtspunkten verpasst hat. Nicht alle Entwürfe des Frankokanadiers brauchen eine ganze Garage. Bei *Interversion (4273 boul. St-Laurent, Montréal, Foto)* gibt es z. B. auch seine hölzernen Lautsprecher. Aber auch cooles Wohndesign von Landsmann Gildas Berthelot *(www.gildasb. com)* und Michel Rouleau *(www.michel rouleau.com)*.

Gut tragbar

2

Mode Gutes Design ist nicht nur schön, sondern auch nachhaltig. Das ist das Credo von Kanadas Modeschöpfern. Bei *Thieves* kommen recycele Stoffe zum Einsatz – der Mode sieht man das nicht an. Kaufen kann man die Stücke in Torontos *Thieves Boutique (1146 Queen St. W, Foto)*. Ein paar Häuser weiter liegt *Preloved (881 Queen St. W)*, die ebenfalls auf Vintagestoffe setzen. *Not just Pretty (1036 Fort St., Victoria)* verkauft Mode von mehr als 50 Labels mit Bio-Zertifikat.

3 Kreative Unterkunft

Art Hotels Das *Gladstone Hotel (1214 Queen St. W, Toronto, Foto)* sprüht nur so vor Kreativität. An den Wänden hängen spannende Werke, im Restaurant trifft sich die Kunstszene, und jedes Zimmer hat seinen eigenen Look. Außerdem werden Kunstführungen angeboten, und im Haus liegen drei Galerien und ein Studio. Vancouvers *Listel (1300 Robson St.)* kooperiert mit wechselnden Museen und Galerien, während das *Hotel Gault (449 rue Sainte-Hélène, Montréal)* mit einer eigenen Kunstbibliothek aufwartet.

Doppelt gemoppelt

Ausgehen Wenn Ihnen Entscheidungen schwerfallen, kommt Ihnen Kanadas Nachtleben entgegen. Immer öfter müssen Sie sich hier gar nicht entscheiden. Kunst? Etwas essen? Oder doch lieber ein paar Drinks? Das *Le Cercle (228 boul. Sainte-Joseph Est, Montréal)* bietet all das. Im *The Ballroom (145 John St., Toronto, Foto)* können Sie nicht nur Konzerte sehen oder mal wieder tanzen, Sie können dort auch eine der Bowlingbahnen nutzen, Sportevents gucken oder einen tollen Burger essen. Eine spannende Mischung bietet auch das *Pondok Indonesia (950 W Broadway, Vancouver).* Das Restaurant verwandelt sich zu vorgerückter Stunde in eine Karaokebar. Mit Ihren Satéspießchen sollten Sie dann besser fertig sein, denn dann steht Rock 'n' Roll an – gemischt mit der einen oder anderen Asiapop-Perle.

Lieber ungewöhnlich

Museen Die *National Gallery* und das *Canadian Museum of Civilisation* haben Sie schon besucht? Das Land bietet eine ganze Reihe weiterer Museen, teils mit sehr speziellen Themen. So wie das *Vulcan Museum (115 Centre St., Vulcan)* in Alberta. Dort geht es nicht etwas um Lavaströme, sondern um den Heimatplaneten Spocks. Ein Traum für „Star Trek"-Fans! Am Boden geblieben ist das *Kartoffelmuseum* in O'Leary auf Prince Edward Island – und das, obwohl es sogar eine Kartoffelruhmeshalle gibt! Nicht nur Modefans zieht das *Bata Shoe Museum (327 Bloor St. W, Toronto)* magisch an. Hier wird Historisches erzählt, aber auch Promischuhe, wie die von Marilyn Monroe oder Elton John, sind zu sehen.

STICHWORTE

BÄREN

Von einem abenteuerlichen Erlebnis mit Bären zu erzählen gehört zu jeder Kanadareise, denn gleich drei Spezies sind hier zu Hause: Eisbären, Grizzlys und Schwarzbären. Die bis zu 600 kg schweren Eisbären kommen allerdings nur in der Packeisregion der Arktis vor, die scheuen Grizzlybären nur in abgelegenen Hochtälern der Rockies, entlang der Westküste und in der arktischen Tundra. Ganz anders die Schwarzbären. Neugierig und hungrig schnüffeln sie schon mal abends über den Campingplatz, verjagen verdutzte Wanderer aus ihrem Blaubeerrevier oder kreuzen über den Highway. Doch Vorsicht: Das beliebte Bärenfoto sollten Sie nur aus gebührendem Abstand machen, alle Lebensmittel geruchsdicht im Auto verstauen – und das nach Steak duftende Geschirr sofort spülen. Bären sehen schlecht, deshalb empfiehlt es sich, auf dem Wandertrail laut zu reden, zu singen oder hin und wieder etwas Lärm zu machen – denn einen Bären zu überraschen kann gefährlich sein.

CÉLINE UND CO.

Kanada hat keine eigene Popszene, kanadische Stars sind international. Sie spielen in Hollywood, New York oder London. Céline Dion etwa hatte sogar ihre eigene Show in Las Vegas. Aber auch Sänger wie Bryan Adams, Alanis Morissette, Avril Lavigne, Justin Bieber und Bands wie Barenaked Ladies oder Arcade Fire zählen zur Weltelite. Weni-

Bild: Bären im Jasper National Park

Vom Eisbär bis zum Totempfahl – wissenswerte Hintergründe zum Verständnis von Land und Leuten

ger bekannt ist, dass auch Altstars wie Neil Young oder die Band Steppenwolf aus Kanada kamen.

EISHOCKEY

Der offizielle Nationalsport Kanadas ist *lacrosse,* ein altes indianisches Ballspiel. Beliebter aber ist Eishockey – bei sieben Monaten Winter in vielen Landesteilen kein Wunder. Schon im Kindergarten lernen die Kids in *peeweeclubs* das Schlittschuhfahren und spielen später in Mannschaften jeder Altersgruppe. Wenn

Teams aus Kanada bei den Play-offs für den Stanley Cup mitspielen, gerät das ganze Land in den Hockeyrausch. Die berühmtesten Clubs heißen Montreal Canadiennes, Toronto Maple Leafs, Vancouver Canucks, Edmonton Oilers und Calgary Flames.

ERFINDERGEIST

Wenn es darum geht, die Welt mit neuen Ideen voranzubringen, hat Kanada seinen Beitrag geleistet. Alexander Graham Bell führte 1875 in Ontario das erste Telefongespräch der Welt, Eddie Ezra Butler erfand das Streichholz, der schwedische Immigrant Gideon Sundback den Reißverschluss. Die beiden Mediziner Frederick Banting und Charles Best entwickelten 1929 an der University of Toronto den Wirkstoff Insulin. Und der Eisenbahningenieur Sandford Fleming schlug 1879 eine wahrhaft weltweite Neuerung vor – nämlich die Erde in 24 Zeitzonen einzuteilen. Und natürlich sind da noch mehr grandiose kanadische Erfindungen, ohne die wir heute kaum noch leben könnten, wie etwa die Malerrolle oder die Trockenflocken fürs Kartoffelpüree ...

FLORA & FAUNA

Der größte Teil Kanadas liegt im Bereich des borealen Nadelwalds, der sich wie ein breites grünes Band über 6000 km von der Pazifikküste bis Neufundland zieht. Hier wachsen Weiß- und Schwarztannen, Kiefern und Fichten.

Diese gewaltigen Wälder, die sich in Nord-Süd-Richtung auf über 1000 km Breite dehnen, sind Lebensraum für Bären, Elche, Hirsche, Luchse, Stachelschweine, Biber und kleinere Nager. Nach Norden hin gehen die Wälder in Taiga und schließlich baumlose Tundra über. Nur noch Karibus (Rentiere), Schneehasen und Moschusochsen können hier von den spärlich wachsenden Flechten und Moosen leben. Doch die großen Süßwasserflächen ernähren im Sommer zahllose Wasservögel.

Im Süden von Ontario und Québec wächst Mischwald, dessen Ahorn- und Eichenarten im Herbst die spektakuläre rote Färbung des *Indian Summer* liefern. An den Westhängen der Coast Mountains und auf Vancouver Island wuchert üppiger Regenwald mit bis zu 80 m hohen und 600 Jahre alten Douglasien, Sitkatannen und riesigen Zedern.

FRANKOKANADA

Die Nachfahren der französischen Siedler machen heute knapp 30 Prozent der Bevölkerung Kanadas aus. Im 19. Jh. beuteten anglokanadische und US-amerikanische Firmen die reichen Rohstoffe der Provinz aus, die schlecht ausgebildete, überwiegend arme Bevölkerung wurde politisch und sozial unterdrückt. Erst bei der „stillen Revolution" der 1960er-Jahre lehnten sich die Québecer gegen die wirtschaftliche Ausbeutung und gegen die geistige Vormachtstellung der katholischen Kirche auf. Der nationalistische *Parti Québécois* forderte damals gar die völlige Loslösung von Kanada; es kam zu terroristischen Anschlägen von Separatisten. Zweimal hielt man dazu bisher Volksabstimmungen ab: 1980 und 1995. Beide Male sprach sich die Mehrheit der Bevölkerung gegen die Ablösung aus. Seit 2003 die Separatisten abgewählt wurden, scheint das Thema in den Hintergrund zu treten.

HUDSON'S BAY COMPANY

Dem Biber und der europäischen Hutmode verdanken wir die Erschließung Kanadas. Aus dem wolligen Unterpelz der Nager wurde der in Europa stark gefragte Hutfilz hergestellt. 1670 übergab der englische König Charles II. seinem Vetter Prince Rupert und 17 Londoner Investoren die Gründungsurkunde der *Hudson's Bay Company,* einer Gesellschaft, die zu einem der größten Handelsimperien der Geschichte werden sollte.

Ihr Territorium, *Rupert's Land,* umfasste vom 49. bis zum 65. Breitengrad eine Fläche von fast 4 Mio. km², ihr Handelsgebiet schließlich ein Zwölftel der Erdoberfläche. Aus den Forts der Pelzhändler wurden später Städte, aus ihren Handelswegen Highways. 1869 trat die Hudson's Bay Company ihr Land für

300 000 englische Pfund an das neu gegründete Kanada ab. Doch bis heute ist der Name *The Bay* als der einer großen Kaufhauskette vertreten.

INDIANER & INUIT

Die Vorfahren der Indianer kamen während der Eiszeit über die Beringstraße nach Nordamerika. Sie breiteten sich im Lauf der Jahrtausende über den Kontinent aus, entwickelten sich zu eigenständigen Kulturgruppen: Halbnomadische Jägerstämme lebten im Norden, die *Irokesen* und *Huronen* der Waldlandkultur waren dagegen fest im Osten ansässig und bauten Mais, Bohnen und Tabak an. Die Stämme der *Plains* in den Prärien des Westens folgten den großen Büffelherden, während das reiche Nahrungsangebot an der Westküste den *Kwakiutl* und *Haida* genügend Muße ließ, zu kunstfertigen Holzschnitzern zu werden. Die Pelzhändler waren auf die Mitarbeit der Indianer angewiesen und griffen nur begrenzt in deren Lebensweise ein. Allerdings dezimierten eingeschleppte Krankheiten die Stämme. Erst mit der Besiedlung des Westens im 19. Jh. wurden sie in Reservate abgedrängt. Heute leben von den *First Nations* – wie die Kanadier die Ureinwohner nennen – rund 700 000 Indianer und 50 000 Inuit in Kanada. In der Verfassung von 1982 wurden ihre Rechte als ursprüngliche Besitzer des Lands anerkannt.

Seither fordern viele Stämme im Norden und Westen Landrückgabe und Selbstverwaltung. Am erfolgreichsten waren die Inuit: Sie erhielten 1999 im hohen Norden Kanadas ein eigenes Territorium.

MODERNE ARCHITEKTUR

Kanada ist eher für seine spektakuläre Natur bekannt, doch haben auch Architekten der Postmoderne Highlights im

Indianische Kunst im spektakulären Museum of Civilization in Ottawa

Land geschaffen. Der Montréaler Moshe Safdie setzte schon 1967 mit dem in innovativer Zellstruktur angelegten Wohnprojekt „Habitat" erste Akzente. Des Weiteren bekannt sind der Westküstenarchitekt Arthur Erikson und der deutschstämmige Ed Zeidler. Sogar ein Architekt indianischer Herkunft zählt zur ersten Riege: Douglas Cardinal. Er schuf das hervorragende *Museum of Civilization* in Ottawa. In den letzten Jahren hat vor allem Toronto neue Architektur hervorgebracht: das wie ein Malkasten auf dünnen Buntstiftbeinen stehende *Sharp Centre for Design* von Will Alsop etwa oder den vierstöckigen, wie ein Kristall gestalteten Anbau des *Royal Ontario Museum* von Daniel Libeskind.

NATIONALPARKS

„… zum Wohle, Vorteil und Vergnügen der Bevölkerung Kanadas" wurde 1885 der Vorläufer des heutigen Banff

ROHSTOFFE & INDUSTRIE

Kanada ist ungeheuer reich an Rohstoffen: Im harten Gestein des Kanadischen Schilds lagern große Eisen-, Zink-, Nickel- und Goldvorkommen, am Fuß der Rocky Mountains findet man Öl, Erdgas und Ölschiefer. Die großen Flüsse liefern schier unbegrenzte Energie, und in den Prärien werden alljährlich über 20 Mio. Tonnen Weizen eingefahren. Dennoch versucht das Land seit dem Zweiten Welt-

Gleich eine ganze Galerie von Totempfählen sind im Stanley Park in Vancouver zu bestaunen

National Park gegründet. Er war der erste in einer langen Reihe von Parks, in denen die schönsten und ursprünglichsten Regionen Kanadas geschützt werden. Gerade unter ökologischen Gesichtspunkten gilt das dem Umweltministerium unterstellte Parksystem als weltweit bahnbrechend. 44 Nationalparks gibt es heute, mit einer Gesamtfläche von fast 250 000 km² – dreimal die Größe Österreichs! Zehn weitere Parks sind bereits geplant. Für Infos: *www.parkscanada.ca*

krieg, von seiner traditionellen Rolle als Rohstofflieferant für die Weltwirtschaft wegzukommen.
Die industrielle Produktion, deren Zentrum in Südontario liegt, macht heute drei Viertel des Bruttoinlandsprodukts aus. Noch immer hängt aber jeder zehnte Arbeitsplatz in Kanada von der Holzindustrie ab. Jedes Jahr werden rund 10 000 km² Wald geschlagen. Der größte Teil endet als Zeitungspapier auf Frühstückstischen in aller Welt.

STAATSSYSTEM

Kanada ist eine bundesstaatlich geordnete parlamentarische Monarchie im British Commonwealth. Offizielles Staatsoberhaupt ist daher die englische Monarchin Queen Elizabeth II., die aber lediglich zeremonielle Aufgaben zu erfüllen hat. Die zehn Provinzen besitzen weitreichende Selbstverwaltung, z. B. im Schulwesen, in der Kulturpolitik, im Gesundheitswesen und in der Nutzung der Bodenschätze.

Dagegen werden die drei nur sehr dünn besiedelten Nordterritorien noch weitgehend von der Bundeshauptstadt Ottawa aus regiert und finanziert.

TOTEMPFAHL

Totempfähle liegen im Trend. Kunstvoll geschnitzt und oft mit Fratzen und mythischen Tierfiguren versehen, stehen sie heute vor vielen Regierungsgebäuden und Museen Kanadas. Kitschige Nachbildungen aus Plastik zieren die Souvenirläden. Ursprünglich gab es diese hoch entwickelte Schnitzkunst jedoch nur im Kulturkreis der Nordwestküsten-Indianer am Pazifik. Die *totem poles* waren Prestigesymbole, mit denen eine Sippe oder ein Häuptling Macht und Reichtum zeigte. Nachdem das „heidnische Schnitzwerk" lange von Regierung und Missionaren verboten war, ist seit der Renaissance der indianischen Kultur in den 1960er-Jahren wieder ein Aufleben der Kunst zu beobachten. Die schönsten Pfähle können Sie in Vancouver, Ottawa und Victoria sehen.

UMWELTSCHUTZ

Nachhaltigkeit, *sustainability*, ist das magische Wort der kanadischen Ökobewegung. Auch wenn die konservative, wirtschaftsorientierte Zentralregierung in Ottawa Ende 2011 aus dem Kyoto-Protokoll zum Klimaschutz ausstieg – viele Kanadier sehen sich durchaus als umweltbewusst. Müll wird vielerorts getrennt und recycelt, Naturparks werden geschaffen, Umweltorganisationen aktiv unterstützt. Oft gibt es auf örtlicher Ebene auch Aufräumaktionen oder große Kampagnen im ganzen Land wie etwa gegen die umstrittene Ausbeutung der gewaltigen Ölsandvorkommen im Norden Albertas.

Westkanada ist nicht von ungefähr der Geburtsort mächtiger Schutzorganisationen: die David Suzuki Foundation etwa oder die Living Oceans Society. Sogar Greenpeace wurde einst in Vancouver gegründet. Allerdings ist das Land im weltweiten Vergleich noch immer einer der größten Verschwender. Kein Wunder, denn die Kanadier konnten immer aus dem Vollen schöpfen. Bodenschätze, Energie und Wasser sind überreichlich vorhanden – und das Umdenken dauert. Infos über grüne Themen: *thegreen pages.ca*

WELLNESS

Der weltweite Trend zum Wohlfühlurlaub hat längst auch Kanada erreicht. Alle größeren Resorthotels, manchmal sogar Ranches oder Angelcamps haben heute ein Spa mit Fitnessraum, Sauna, Pool, Massagen, Yogastunden und teils recht innovativen Anwendungen. Einzigartig ist bestimmt das schwimmende ● *Bota Bota Spa (www. botabota.ca)* auf einem renovierten alten Fährschiff im Hafen von Montréal. Auf der *Echo Valley Ranch (www.evranch. com)* in British Columbia können Sie sich in einem thailändischen Tempelbau nach dem Ausritt fernöstlich massieren lassen. Oder Sie entspannen in einer der großen Badelandschaften der *Scandinave Spa*-Kette *(www.scandinave.com)*. Weitere Infos unter: *www.leadingspasofcanada. com, www.traveltowellness.com*

ESSEN & TRINKEN

Ob asiatisch, europäisch oder mexi-kanisch – in Kanadas Küche leben die zahlreichen Einwandererkulturen ein-trächtig nebeneinander.

In Toronto und Vancouver isst man vor-züglich chinesisch, in den Prärien gibt es dank der vielen südrussischen Einwande-rer die besten ukrainischen Restaurants in Nordamerika. In Montréal speist man portugiesisch oder jüdisch-koscher, und in der Stadt Québec sind die deftigen altfranzösischen Lokale zu Hause.

Dass sich die Kochkünste der Kulturen auch gegenseitig befruchten, zeigen die schicken neuen Restaurants mit Fusion- oder auch Pacific-Rim-Cuisine. Hier werden asiatische Gewürze und Zutaten – Curry und Sushi – mit europäi-schen Gerichten zu neuen Kreationen ver-

mählt. Daneben fehlen aber auch nicht die typischen Gerichte, für die das Land bekannt ist: Steaks, Hummer und frischer Lachs in allen Variationen. Ebenfalls sehr lecker: die *calamari,* die vor den Küsten Neufundlands gefischt werden.

Jede Region hat natürlich ihre eigenen kulinarischen Highlights. Frischer Fisch und Muscheln sind die Spezialität am Atlantik. Der nur langsam wachsende Hummer aus dem kalten Atlantik gilt unter Kennern sogar als der beste der Welt. Auf Prince Edward Island werden im Sommer bei den *lobster suppers* in Gemeindehallen und Kirchensälen mäch-tige Hummerbuffets angerichtet.

Die Provinz Québec ist der kulinarische Nabel Kanadas. Hier wird noch nach al-ter französischer Tradition gekocht – oft

Bild: Frischer Atlantik-Hummer

Hummer satt und dicke Steaks: Die Einwanderer brachten vielseitige Rezepte mit, Meer und Land bieten frische Zutaten

verfeinert mit vitaminreichem Ahornsirup oder köstlichem Käse aus eigener Herstellung. Probieren Sie die dicke Erbsensuppe mit Speck, danach vielleicht ein Stück *tourtière,* eine würzige Fleischpastete, und zum Nachtisch Heidelbeerkuchen mit frischen Beeren aus den Wäldern Nordquébecs.

In Ontario liefert die mit mildem Klima gesegnete Niagara-Halbinsel frisches Gemüse, immer besseren Wein und ausgezeichnetes Obst. Aus den Seen im Hinterland der Provinz kommen Hechte und Forellen auf den Speiseplan, dazu vielleicht wilder Reis, den die Indianer ernten. In den Prärien, dem Brotkorb Kanadas, wird meist bodenständig-deftig gekocht, ein zarter, in Butter geschwenkter Maiskolben gehört immer dazu.

In Alberta müssen Sie Steak probieren – im Restaurant oder selbst gegrillt auf dem Campingplatz. Das Fleisch der auf den riesigen Ranches frei lebenden Rinder ist unübertrefflich, und die Portionen sind für hungrige Holzfäller zugeschnitten. Westlich der Rocky Mountains, im

SPEZIALITÄTEN

▶ **bagel with lox** – rundes Brötchen mit Räucherlachs (beliebt in Montréal) (Foto re.)

▶ **bannock** – schottisch-indianisches Brot, in der Pfanne gebacken

▶ **beavertail** – Schmalzgebäck mit Zimt und Zucker (Ontario)

▶ **Caesar** – ein mit Sellerieselz gewürzter Drink aus Wodka und Muschelsaft

▶ **Caesar salad** – Salat mit Parmesan-Anchovis-Dressing und Croûtons

▶ **caribou** – Québecer Rotweinpunsch, beliebt zum Karneval

▶ **cedar planked salmon** – Lachs auf indianische Art über einem Holzbrett gedünstet (Westküste)

▶ **chicken/buffalo wings** – Vorspeise aus kross gebratenen Hähnchenflügeln

▶ **clam/seafood chowder** – sämige Muschel-/Fischsuppe (Foto li.)

▶ **dulse** – rote Algen, Beilage in den Atlantikprovinzen

▶ **eggs over easy with hash browns** – einmal gewendete Spiegeleier mit fein geraspelten Bratkartoffeln

▶ **eggs sunny side up with maple smoked bacon** – Spiegeleier mit über Ahornholz geräuchertem Speck

▶ **filet mignon with baked potato** – Filetsteak mit Folienkartoffel

▶ **French toast** – Brotscheiben in Eihülle

▶ **garlic mashed potatoes** – Kartoffelbrei mit Knoblauch

▶ **lobster roll** – Hummersandwich (am Atlantik)

▶ **New York steak** – saftiges Steak mit Fettrand

▶ **onion rings** – frittierte Zwiebelringe

▶ **pancakes with maple sirup** – Pfannkuchen mit Ahornsirup

▶ **pickerel** – kleiner Süßwasserfisch, weit verbreitet in Ontario

▶ **poutine** – Pommes frites mit Bratensauce und Frischkäse

▶ **prime rib with horseradish sauce** – dicke, sehr zarte Bratenscheibe mit Meerrettich

▶ **pumpkin pie** – Kürbiskuchen

▶ **scallops** – Jakobsmuscheln

▶ **sirloin steak with corn on the cob** – Lendensteak mit gebuttertem Maiskolben

▶ **sockeye salmon** – Rotlachs (Wildfang)

▶ **tourtière** – würzige Québecer Quiche mit Fleisch

▶ **turkey with stuffing and gravy, yams and cranberry sauce** – Truthahn mit Füllung und Bratensauce, Süßkartoffeln sowie Preiselbeermarmelade

warmen Okanagan-Tal, wachsen süße Pfirsiche, Äpfel und Trauben. Und an der Westküste locken wieder Meeresfrüchte – Krabben, Heilbutt und Lachs. Eine pochierte Lachsschnitte (am besten vom *Sockeye*-Lachs) mit frischem Gemüse aus dem Fraser-Tal gehört zum Feinsten, was Kanada bieten kann.

Traditioneller Treff zum Frühstück ist der *coffee shop*. Er gehört entweder zum Hotel oder liegt bei Motels gleich nahebei. Dort können Sie das kleine *continental breakfast* (Saft, Kaffee, Toast mit Marmelade) nehmen oder ein großes amerikanisches Frühstück bestellen, das oft den ganzen Tag vorhält.

Zum *lunch,* etwa zwischen 12 und 14 Uhr, essen die Kanadier oft nur kleinere Gerichte, die auf einer separaten Speisekarte *(lunch menu)* aufgeführt sind. Auf dem Land wird das *dinner* abends schon zwischen 17.30 und 19 Uhr serviert, in den größeren Städten etwas später, also von 19 bis 22 Uhr. Wissen sollten Sie auch, dass man in den meisten Restaurants einen Tisch zugewiesen bekommt. Ein Schild am Eingang zeigt dies an: *Please wait to be seated.* Und wie in Europa darf inzwischen in fast allen Restaurants nicht mehr geraucht werden.

Falls Sie lieber in freier Natur picknicken möchten, statt im Restaurant zu essen: Alle größeren Supermärkte in Kanada haben eine eigene *deli section:* eine Theke mit Wurst, Käse, Sushi und oft auch Grillhühnchen und anderen heißen Gerichten. Hier werden auch frische Sandwiches und Salate zubereitet – einfach perfekt fürs preiswerte Picknick.

Und wie sieht es aus mit Getränken? Kanada ist Bierland, und das süffige kanadische Bier kann sich im Vergleich zum wässrigen US-amerikanischen sehen lassen. *Molson Canadian* oder *Labatt's Blue* gibt es überall, Spezialbiere wie *Kokanee* oder *Moosehead* nur in manchen Regio-

Starbucks Coffee – natürlich auch in Kanada fast überall vertreten

nen. In den letzten Jahren haben sich zunehmend *micro breweries* etabliert, kleine Spezialbrauereien. Probieren Sie mal Bier von *Propeller Brewing* in Nova Scotia, von *3 Brasseurs* in Québec oder von *Upper Canada Brewing* in Toronto. In Alberta schmecken die Biere der *Wild Rose Brewing Company* aus Calgary. Und in British Columbia sind die Biere von *Okanagan Spring* oder *Granville Island Brewing Co.* die besten.

Aber auch der heimische Wein – beispielsweise Weiß- wie Rotwein aus dem fruchtbaren Okanagan Valley – ist durchaus konkurrenzfähig. Wer hochprozentige Getränke möchte, kann auf den exzellenten kanadischen Whiskey zurückgreifen, der entweder auf Eis *(on the rocks)* oder, wie auch Rum oder Gin, in vielerlei Mixgetränken serviert wird.

EINKAUFEN

Kanada ist kein Billigland zum Einkaufen, auch wenn es Discountketten wie etwa *Winners* gibt. Der starke Dollar hält die Preise hoch, aber Sportklamotten oder auch Vitaminpillen sind deutlich günstiger als in Europa. An Gelegenheiten zum Shoppen fehlt es jedoch nicht: Moderne Einkaufszentren, Kaufhäuser und Boutiquen finden Sie in allen größeren Städten. Um dem bitterkalten Winterwetter zu entkommen, haben sich die Kanadier sogar ganze Shoppinglandschaften unter Glas gebaut, etwa das sehenswerte *Eaton Centre* in Toronto oder die riesige *West Edmonton Mall* mit gut 800 Geschäften. Die Montréaler haben sich in den Untergrund gebuddelt und eine *Ville Souterraine* geschaffen mit kilometerlangen Tunneln, in denen sich Kinos, Restaurants und Läden aneinanderreihen.

SHOPPEN IN ALTSTÄDTEN UND GENERAL STORES

Städtebaulicher Trend ist das Renovieren der alten Hafenviertel: So wurden etwa *Granville Island* in Vancouver, *Queens Quay* in Toronto oder die *Historic Properties* im alten Hafen von Halifax zu schicken Shopping- und Flanierbezirken mit Kunstgalerien und Straßencafés hochgepäppelt. Fußgängerzonen werden Sie dagegen kaum entdecken – ihre Funktion erfüllen die Malls.

Auf dem Land nimmt das Einkaufsangebot meist recht schnell ab. Ein kleiner Lebensmittelladen mit Tankstelle, ein *general store,* der auch Schuhe und Motorsägen verkauft, muss in vielen kleinen Orten für alle Wünsche ausreichen. Es ist daher ratsam, vor einer längeren Tour ins Hinterland oder in den Norden den Camper mit den benötigten Lebensmitteln und der Ausrüstung aufzustocken. Denn je weiter man nach Norden kommt, desto teurer werden auch alle Einkäufe für den täglichen Bedarf.

KULINARISCHES

Aus Québec und Ontario stammt das für Kanada wohl berühmteste Mitbringsel: Ahornsirup, flüssig in Flaschen oder zu zuckersüßen Pralinen und Keksen verarbeitet. Die Prärien sind bekannt für guten Honig und Marmelade aus *saskatoon berries,* von der Westküste kommt feiner Räucherlachs – Wildlachs versteht sich, der, in Trockeneis verpackt, die Heimreise gut übersteht. Sehr beliebt als Souvenir ist zudem Eiswein von der Niagara-Halbinsel oder aus dem Okanagan-Tal.

Es muss nicht gleich ein Totempfahl sein, hübsche oder leckere Andenken gibt es auch etwas kleiner

KUNST DER UREINWOHNER

Zu den schönsten – und teuersten – Andenken gehören die kunsthandwerklichen Produkte der Indianer und Inuit. Die Ojibwa und Irokesen in Ontario fertigen Mokassins und geflochtene Körbe, oft aufwendig verziert mit Stachelschweinborsten. Die Stämme der Westküste, einst berühmt für ihre Totempfähle, fertigen heute kleinere Objekte sowie Silberschmuck und Zeichnungen an. Die Inuit der Arktis sind bekannt für ihre Skulpturen aus Speckstein oder Walknochen, aber auch für hochwertige Drucke, die in Galerien im Süden des Lands zu erwerben sind (ab ca. 300 $).

OUTDOOR-AUSRÜSTUNG

In allen größeren Städten und in Schutzgebieten wie Banff oder dem Algonquin-Park findet man große Sport- und Outfitterläden, die qualitativ hochwertige Ausrüstung und Kleidung für die Reise in die Wildnis anbieten. Dazu gibt es auch original kanadische Trendmarken wie *LuluLemon* oder *Roots Canada,* deren Designer auch das kanadische Olympiateam einkleiden.

WOLLPULLIS UND COWBOY-OUTFIT

Typisch für die Atlantikprovinzen sind neben hochwertigem Segelzubehör die schönen, handgestrickten Pullover der Neufundländer und allerlei Objekte aus Holz und Keramik. Besonders Québec erweist sich als ergiebige Fundgrube für kreative Anstecker, Accessoires und witziges Kunsthandwerk. Ideale Souvenirs aus Alberta sind alle Artikel, die mit dem Cowboyimage zu tun haben: Stetsonhüte, silberne Gürtelschnallen oder handgearbeitete Stiefel. Hier gibt es auch die typischen Holzfällerhemden, die schon während der Reise als stichfester Schutz vor den Moskitos gute Dienste leisten können.

DIE PERFEKTE ROUTE

AM ST. LAWRENCE NACH OSTEN

Startpunkt ① *Toronto* → S. 73: Eine Fahrt auf den CN-Tower, bummeln an der Queen Street und im schicken Yorkville, dann geht es per Mietwagen am Nordufer des Lake Ontario nach Osten. ② *Kingston* → S. 64 lockt zu einer Bootsfahrt ins Inselgewirr der Thousand Islands am St. Lawrence, dem die Route auf dem idyllischen Long Sault Parkway weiter nach ③ *Montréal* → S. 49 folgt. Bestes Programm für einen Tag: eine Radtour am Hafen, ins Studentenviertel und zum Plateau-Mont-Royal. Auf der Weiterfahrt lohnt es sich, bei *Trois-Rivières* → S. 61 die Autobahn 40 zu verlassen und am Ufer des nun französischen St-Laurent durch alte Kolonialdörfer ostwärts zu fahren.

GASPÉSIE: KLIPPEN AM ATLANTIK

Europäisch historisch präsentiert sich die Altstadt von ④ *Québec City* → S. 55, mit romantischen Bistros und quirligen Gassen. Von hier folgt die Route der Südküste des St-Laurent auf die ⑤ *Gaspésie* → S. 46. Im Forillon National Park und bei Percé ragen mächtige Klippen über der Mündung des Stroms in den Atlantik auf. In weitem Bogen geht es über New Brunswick auf dem schnellen Trans-Canada Highway zurück nach Montréal.

IN DIE WÄLDER ONTARIOS

Weiter auf dem TCH nach Westen, nach ⑥ *Ottawa* → S. 68, der stolzen Hauptstadt Kanadas mit ihren großartigen Museen und dem bunten Byward Market. Nach einem Stadttag kommt nun die Wildnis: Hwy. 60 führt aus dem Tal des Ottawa River in die unendlichen Wälder Ontarios. Der ⑦ *Algonquin-Park* → S. 63 bewahrt hier eine der schönsten Seenplatten im grünen Herzen Kanadas. Zeit für eine Kanutour.

NIAGARA: WEIN UND WASSER

Bei der Weiterfahrt nach Süden wird es bald lieblicher: Zwischen Huntsville und *Midland* → S. 65 säumen Blockhütten die zahllosen Seen. Im Hügelland um ⑧ *Kitchener* → S. 64 sieht man schwarz gekleidete Mennoniten mit ihren Pferdewagen, und auf der Niagara-Halbinsel erstrecken sich große Weingüter. Eiswein ist der Stolz der Kellereien, aber auch andere gute Tropfen gibt es zu verkosten. Den Schluss der Runde im Osten Kanadas krönt das Highlight der ⑨ *Niagara Falls* → S. 66. Kommen Sie mit der „Maid of the Mist" der sprühenden Gischt ganz nah. Dann geht's auf zum Flughafen.

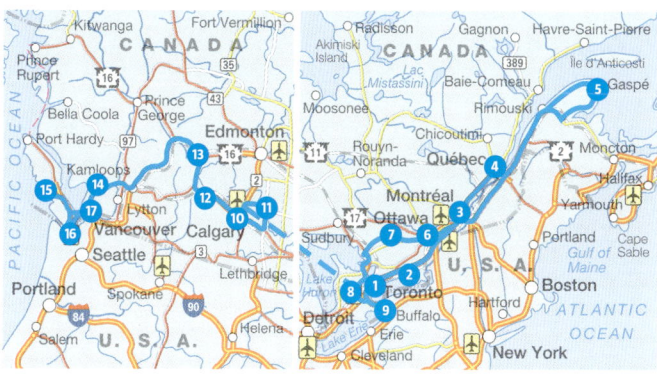

AUS DER PRÄRIE IN DIE ROCKIES

Vier Stunden Flug von Toronto, dann ist **10** *Calgary* → S. 90 erreicht. Hier lohnt sich ein Shoppingbummel – preisgünstig, denn Alberta hat keine Provinzsteuer. Nach einem Tagesabstecher in die Prärie zu den Dinosaurierfunden von **11** *Drumheller* → S. 92 fahren Sie westwärts in die Rocky Mountains. Die Nationalparks **12** *Banff* → S. 87 und **13** *Jasper* → S. 95 reihen entlang des legendären *Icefields Parkway* → S. 88 die schönsten Bergkulissen auf. Beten Sie um gutes Wetter, vielleicht zeigt sich der Eisgipfel des Mount Robson, des höchsten Gipfels der Rockies.

DURCHS COWBOYLAND NACH VANCOUVER

Endlose Wälder begleiten den Hwy. 5 südwärts in das trockene Ranchland im Inneren von British Columbia. Schön für einen Abstecher: Wells Grey Provincial Park mit tollen Wasserfällen und Seen für Kanutouren. Die sattgrünen Coast Mountains sind die letzte Barriere vor dem Pazifik. Hoch in den Bergen liegt dort **14** *Whistler* → S. 99, Austragungsort der Olympischen Winterspiele von 2010. Per Autofähre führt die Route weiter nach **15** *Vancouver Island* → S. 100 und zu den wilden Stränden der Westküste im Pacific Rim National Park. Wärmer und lieblicher wird es nun im Süden von Vancouver Island, wo das gepflegte **16** *Victoria* → S. 101 als Provinzhauptstadt von British Columbia Hof hält. Noch eine kurze Fährfahrt, dann ist **17** *Vancouver* → S. 96 erreicht, schönste Stadt Kanadas und ein würdiger Schlusspunkt der Reise.

3800 km (Ostkanada), 2300 km (Westkanada). Reine Fahrzeit: ca. 80 Stunden. Empfohlene Reisedauer: 4 Wochen. Detaillierter Routenverlauf siehe hinter Umschlag, Reiseatlas und Faltkarte

ATLANTIKKÜSTE

Stille Wattlandschaften und dramatische Fjordküsten, tiefe Wälder und ungebändigte Flüsse – die Atlantikregion Kanadas erinnert in vielem an die schönsten Landstriche in Schottland oder Norwegen.

An den geschützten Buchten laden Fischerdörfer und Hafenstädte, in denen sich schon vor Jahrhunderten Schotten, Engländer und Franzosen niederließen, zum Besuch ein. Die vier Atlantikprovinzen sind ein überraschend vielfältiges Urlaubsland, das zu Unrecht in Europa wenig bekannt ist. Die kargen Hochländer und zerrissenen Küsten der Provinz *Newfoundland & Labrador* – zu der neben der Insel Neufundland noch ein riesiger, fast völlig unerschlossener Landstrich am Festland gehört – sind ein

Paradies für Angler, Jäger und Wanderer, die Provinz *Nova Scotia* bietet herrliche Segelreviere und eine der schönsten Panoramastraßen des Kontinents, den *Cabot Trail*. Ganz anders dagegen die winzige Inselprovinz *Prince Edward Island:* ein liebliches Farmland mit Bilderbuchdörfern und ausgedehnten, feinsandigen Badestränden. *New Brunswick* schließlich, die waldreiche Provinz an der Grenze zu den USA, rühmt sich der höchsten Gezeitenunterschiede der Welt – rund 10–12 m können es schon werden.

Eine Rundfahrt durch die Atlantikprovinzen beginnen Sie am besten in Halifax, das einen internationalen Flughafen besitzt. An Campingplätzen und gemütlichen Bed-&-Breakfast-Häusern mangelt es selbst im Hinterland nirgendwo.

Bild: Kleiner Fischerhafen bei Halifax

Buchten, Klippen, Fischerdörfer:
Wildromantisch sind die Ostprovinzen,
das raue Meer bestimmt das Leben

ANNAPOLIS ROYAL

**(147 D5) (*M7*) Umgeben von Obst-
plantagen und pittoreskem Farmland
liegt das adrette Städtchen (600 Ew.)
an einem Arm der Bay of Fundy.**
Gepflegte Gärten und viktorianische Häuser prägen heute das Straßenbild, doch
die Stadtgeschichte geht viel weiter zurück: Samuel de Champlain gründete
1605 auf dem gegenüberliegenden Ufer
die erste Siedlung Kanadas: *Habitation
Port Royal.* Versäumen Sie nicht, die köst-
lichen *Digby scallops* (Jakobsmuscheln)
von der Fangflotte des benachbarten
Hafens *Digby* zu probieren.

SEHENSWERTES

ANNAPOLIS TIDAL GENERATING STATION ⏱

Seit 1984 nutzt dieses Gezeitenkraftwerk
(das einzige Nordamerikas und eines der

Kurvenreich windet sich der Cabot Trail um die Nordspitze von Cape Breton Island

ersten nachhaltigen Energieprojekte Kanadas) die hohen Tiden der Bay of Fundy zur Energiegewinnung. Ausstellungen. *Im Sommer tgl. 10–18 Uhr | 236 Prince Albert Rd. | Eintritt frei*

FORT ANNE

Gut erhaltene Festung aus der Kolonialzeit inmitten einer schönen Grünanlage. Museum. *Im Sommer tgl. 9–18 Uhr | St. George St. | Eintritt 3,90 $*

HABITATION PORT ROYAL

Rekonstruktion von Champlains Palisadenfort von 1605 mit Vorführungen zum damaligen Leben und den traditionellen Handwerkstechniken. *Im Sommer tgl. 9–17.30 Uhr | Port Royal | Eintritt 3,90 $*

ÜBERNACHTEN

QUEEN ANNE INN

Ein elegantes B & B von 1865 mit zwölf historisch möblierten Zimmern – und zwei Katzen. *494 Upper St./George St. | Tel. 902 5 32 78 50 | www.queenanne inn.ns.ca | €€*

CAPE BRETON ISLAND

(147 E5) *(ꞔ N6) **Ciad mile Failte!** Hunderttausend Willkommen! Der alte gälische Gruß ist auf Cape Breton oft zu hören. Seit 200 Jahren siedeln Schotten auf der 10 300 km² großen Insel im Osten von Nova Scotia.*

Sie fühlten sich hier heimisch, denn das karge Hochland und die umbrandeten Küsten ähneln verblüffend den schottischen Highlands. Bester Ausgangspunkt für die Tour um die Insel ist der schön gelegene Ferienort *Baddeck* am 70 km langen Bras-d'Or-Salzwassersee, wo Alexander Graham Bell viele Sommer verbrachte.

SEHENSWERTES

INSIDER TIPP ► ALEXANDER GRAHAM BELL NATIONAL HISTORIC SITE

Großes Museum neben dem Wohnhaus von Alexander Graham Bell, der nicht nur das Telefon, sondern auch die erste eiserne Lunge, Luftkissenboote und Flugzeuge entwickelte. *Im Sommer tgl. 8.30–17 Uhr, sonst Mi–So | Baddeck | Eintritt 7,80 $*

CABOT TRAIL ⭐ ● ☆

Zu Recht gilt diese rund 300 km lange Panoramastraße um die Nordspitze von Cape Breton als die schönste im Osten Kanadas: Steilküsten und Hochmoore wechseln sich ab mit Ferienorten, Golfplätzen und winzigen Fischerdörfern, in denen sich Hummerfallen stapeln. Der eindrucksvollste Teil der Strecke verläuft durch den *Cape Breton Highlands National Park,* dessen Wälder besonders im Indian Summer im Farbenmeer glühen.

CHÉTICAMP

Das Dorf an der rauen Nordküste ist eine Enklave der Akadier. Ihre Vorfahren, französische Siedler aus Nova Scotia und New Brunswick, flüchteten um 1755 vor den Engländern in diese unwirtliche Region. In mehreren Läden und im kleinen *Chéticamp Museum* können Sie die traditionelle Handwerkskunst der Akadier bewundern: farbenprächtige Wandteppiche und filigrane Häkelarbeiten.

LA FORTERESSE DE LOUISBOURG

Exerzierende Soldaten, schachernde Pelzhändler und regierende Adelige – ein exaktes Abbild des Lebens im Jahr 1744. Sogar die Bäckerei und die beiden Restaurants der für 60 Mio. Dollar rekonstruierten Museumsstadt im Süden der Insel INSIDER TIPP ► halten sich an Originalrezepte des 18. Jhs. *Im Sommer tgl. 9.30–17 Uhr | Louisbourg | Eintritt 17,60 $*

ESSEN & TRINKEN

KELTIC LODGE

Es erwarten Sie regionale Spezialitäten und ein toller Blick. *Ingonish Beach | Tel. 902 2 85 28 80 | www.kelticlodge.ca | €€*

LOBSTER GALLEY

Hafenrestaurant, in dem guter Fisch und Hummer serviert wird. *S Gut St. Ann | Tel. 902 2 95 31 00 | €–€€*

SPORT & AKTIVITÄTEN

BOOTSTOUREN

Touren zur Wal- und Vogelbeobachtung werden angeboten von *Whale Cruisers (Chéticamp | Tel. 902 2 24 33 76 | www.whalecruisers.com)* oder *Captain Cox Whale Watch (Bay St. Lawrence | Tel. 888 3 46 55 56 | www.aco.ca/captcox).*

KAYAK CAPE BRETON

Angeboten werden Kanu- und Kajakvermietung sowie geführte Kajaktouren. Auch drei Blockhütten. *5385 West Bay*

⭐ **Cabot Trail**
Die schönste Küstenstraße am Atlantik auf Cape Breton Island
→ S. 35

⭐ **Flower Pot Rocks**
Gezeitenunterschiede von über 12 m → S. 37

⭐ **Bootsfahrt auf dem Western Brook Pond**
Urzeitlicher Fjord zwischen hohen Klippen → S. 38

⭐ **Lobster Supper auf P. E. I.**
Die leckersten Krustentiere Kanadas → S. 41

MARCO POLO HIGHLIGHTS

Hwy. | West Bay | Tel. 902 5 35 30 60 | www.kayakcapebreton.com

ÜBERNACHTEN

MARKLAND BEACH COTTAGE

Die 25 Hütten liegen einsam direkt am Sandstrand. *Cabot Trail* | *Dingwall* | *Tel. 902 3 83 22 46* | *www.themarkland. com* | €€

INSIDER TIPP THE WATER'S EDGE INN

Country inn am Hafen von Baddeck mit Kunstgalerie. *6 Zi.* | *22 Water St.* | *Tel. 902 2 95 36 00* | *www.thewaters edgeinn.com* | €€

AUSKUNFT

TOURISM CAPE BRETON

Infozentrum direkt hinter der Brücke | *Tel. 902 5 63 46 36* | *www.cbisland.com*

CARAQUET

(147 D5) *(M6)* **Die hübsch gelegene Hafenstadt (4500 Ew.) befindet sich an der geschützten** *Baie des Chaleurs* **im Norden von New Brunswick.**

Sie ist das Zentrum der *Péninsule Acadienne,* eines akadischen (altfranzösischen) Siedlungsgebiets. Neben der Sprache wird hier auch die akadische

Kochkunst gepflegt, so im *Hotel Paulin* (12 Zi. | 143 Blvd. St. Pierre | Tel. 506 7 27 99 81 | www.hotelpaulin.com | €€) von 1891.

Im weitläufigen *Village Acadien (im Sommer tgl. 10–18 Uhr* | *Hwy. 11, etwa 10 km westl. von Caraquet* | *Eintritt 16 $)* arbeiten verkleidete „Akadier" in der Schmiede, beackern die Felder und servieren in der Taverne.

FREDERICTON

(147 D5) *(M6)* **Eine liebenswerte Kleinstadtatmosphäre empfängt die Besucher in der nur 56 000 Einwohner zählenden Hauptstadt New Brunswicks, die im breiten Tal des Saint John River im Herzen der Provinz liegt.**

Ursprünglich von den Franzosen gegründet, wanderten 1785 viele britische Loyalisten aus den USA ein. Die in englischer Neogotik erbaute, prächtige *Christ Church Cathedral* im Stadtzentrum und die sehr schön gelegene *University of New Brunswick* zeugen von ihrem Einfluss. Ein ausgezeichnetes Museum mit Werken von Dalí, Turner und Gainsborough ist die *Beaverbrook Art Gallery (Di–Sa 10–17, Do bis 21, So 12–17 Uhr* | *Eintritt 10 $).* **INSIDER TIPP** Samstagmorgen ist *Farmers' Market* an der George Street. Viele der regionalen Farmer bie-

BIOKOST

Fit sein und gesund leben ist das Credo der Westcoast. Kein Wunder also, dass *organic food,* also Bioware, nicht nur in *Health-Food*-Läden zu finden ist. In Supermärkten wie *Vancouvers Whole Foods* und *Urban Fair* oder Calgarys

Planet Organic sowie zahllosen kleinen Märkten wird aktives Ökobewusstsein gepflegt. Auch auf den Speisekarten in ganz Kanada liest man oft *grass fed* oder *open range,* die Produkte kommen also von Tieren aus Freilandhaltung.

Bald liegen sie auf dem Trockenen – an der Bay of Fundy beträgt der Gezeitenunterschied 12 m

ten hier *organic* Gemüse an und örtliche Biospezialitäten wie Farnspitzen und Heidelbeeren. Schön zum Bummeln ist der *Historic Garrison District,* der im Sommer abends mit Konzerten, Straßentheater und Filmen lockt.

35 km westlich von Fredericton am Hwy. 2 liegt ein typisches Loyalistendorf des 18. Jhs.: *Kings Landing Historical Settlement (im Sommer tgl. 11–18 Uhr | Eintritt 17,75 $).* Hier klappern noch die Webstühle, und im *King's Head Inn* wird Ihnen Herzhaftes nach Art der Pioniere serviert. Auskunft: *Tourism New Brunswick Visitor Centre | im Rathaus/Queen St. | Tel. 800 5 61 01 23 | www.tourismnewbrunswick.ca*

FUNDY NAT. PARK

(147 D5) (*M6*) **Im hügeligen Hinterland des gut 200 km² großen Parks an der Südküste von New Brunswick leben Elche, Wildkatzen und Rehe.**

Am Nordufer der *Bay of Fundy* bricht das Plateau in über 60 m hohen Klippen zum Meer ab (schöne Wanderwege z. B. zum *Matthews Head)*. Besonders eindrucksvoll ist der Gezeitenunterschied – der größte der Welt – in der Bucht: Wo bei Flut über 12 m tief das Wasser steht, können Sie bei Ebbe trockenen Fußes das Watt erkunden. Auch rund 40 km östlich des Parks, am *Hopewell Cape,* wird der Tidenhub besonders deutlich: Die *Flower Pot Rocks* sind bei hohem Wasserstand kleine Inseln, sechs Stunden später ragen sie als 15 m hohe Felsen aus dem trockenen Meeresboden *(Infos beim Park Visitor Centre, Alma).* Das gemeinnützige Abenteuersportzentrum von **INSIDER TIPP** *Cape Enrage (Tel. 506 8 87 22 73 | www.capeenrage.ca)* am gleichnamigen Leuchtturm nahe Alma bietet Ziplining, Kletterkurse und andere Aktivsportarten.

Der Gros Morne National Park schützt eine beeindruckende Gebirgs- und Fjordlandschaft

GROS MORNE NAT. PARK

(147 E4) (N5) **Der 1987 von der Unesco zur** *World Heritage Site* **erklärte, 1805 km² große Park bewahrt die zerklüftete, geologisch einzigartige Küste im Westen der Insel Neufundland.**

Die Tundralandschaften der Tafelberge im Park sind ein gutes Wandergebiet. Die Bootsfahrt auf dem ⭐ *Western Brook Pond,* einem 15 km langen Inlandsfjord, zählt zu den schönsten Naturerlebnissen Neufundlands und führt vorüber an 600 m hohen Klippen. Weitere Bootsausflüge sind möglich auf der *Bonne Bay* und auf der malerischen *Bay of Islands* südlich des National Park nahe der Stadt *Corner Brook.*

HALIFAX

(147 D–E5) (M7) **Die Hauptstadt Nova Scotias (390 000 Ew.) ist das wirtschaftliche und kulturelle Zentrum der gesamten Atlantikregion.**

Mit einem gut 25 km langen Naturhafen ist Halifax vor allem aber eine Hafenstadt, die von und mit dem Meer lebt. Werktags wird hier hart gearbeitet, freitag- und samstagabends aber versteht man zu feiern. Nicht zuletzt sind es die fünf Universitäten, die Studenten aus allen Atlantikprovinzen anlocken und der Stadt ein jugendliches Flair geben.

Bereits 1749 wählten die Engländer die eisfreie, strategisch günstig gelegene Bucht als Stützpunkt. Sie gründeten ein erstes Fort auf dem steilen Hügel über dem Hafen. Im Lauf der Jahrzehnte wurde daraus eine trutzige Zitadelle, in deren Schutz eine reiche Handelsstadt aufblühte. Wenn auch nie ein Schuss abgefeuert wurde, so reichte doch die militärische Bedeutung bis ins 20. Jh.: Von hier liefen in den beiden Weltkriegen die Kriegsschiffe nach England aus.

SEHENSWERTES

ALTSTADT

Mittelpunkt ist die *Grand Parade,* ein kleiner Park, flankiert vom *Rathaus* und der *St. Paul's Church,* der 1750 erbauten, ältesten anglikanischen Kirche Kanadas. Von dort sind es zwei Straßen hangabwärts die Prince Street entlang bis zum *Province House* von 1818, dem Parlamentssitz von Nova Scotia, einem der schönsten georgianischen Bauwerke in Nordamerika. Gleich dahinter beginnt die *Harbour Front,* das liebevoll restaurierte Hafenviertel entlang der Lower Water Street, wo auch die Schiffe für Hafenrundfahrten ablegen. Die alten Piers und die Lagerhallen der *privateers,* der Piraten des Königs, wurden mit Boutiquen und Restaurants neu belebt. Besonders gelungen ist der Komplex der *Historic Properties* am Fuß der Duke Street. Eine Fähre überquert den Halifax Harbour nach *Dartmouth* am Ostufer der Bucht.

CANADIAN MUSEUM OF IMMIGRATION

Faszinierende Ausstellung über die rund 1 Mio. Einwanderer aus Europa, die hier von 1928 bis 1971 an Land gingen. *Tgl. 9.30–17.30 Uhr | 1055 Marginal Rd. | Eintritt 8,60 $ | www.pier21.ca*

HALIFAX CITADEL ⚜

Die 1828–56 erbaute Festung ist heute ein Militärmuseum, die *Town Clock* das Wahrzeichen von Halifax. *Im Sommer tgl. 9–18 Uhr | Eintritt 11,70 $*

CITY **WOHIN ZUERST?**
Ans Wasser natürlich! Dort ein Bummel durch die **Historic Properties** (Upper Water St.), ein Blick ins Maritime Museum mit der „Titanic"-Ausstellung. Nahe liegen bergan über die George St. und durch den Park der Grand Parade der Clock Tower und die Halifax Citadel, das große Fort über der Stadt. Parkplätze: direkt am Fuß der George St. und beim Maritime Museum, auch im Freien für Wohnmobile. Zahlreiche Busse halten an der Water St.

MARITIME MUSEUM

Die Geschichte der Seefahrt im Nordatlantik, dazu **INSIDER TIPP** Relikte der „Titanic", die 1912 im Atlantik südöstlich der Stadt unterging. Auf den Friedhöfen in Halifax liegen viele der Opfer begraben. Einen Plan zu den *Titanic Sites* in Halifax gibt es im Museum. *Tgl. 9.30–17.30, Di bis 20, im Winter So ab 13 Uhr und Mo geschl. | 1675 Lower Water St. | Eintritt 8,75 $*

ESSEN & TRINKEN

INSIDER TIPP MCKELVIE'S

Sehr beliebtes Meeresfrüchterestaurant in einer ehemaligen Feuerwache nahe dem Maritime Museum. *1680 Lower Water St. | Tel. 902 4 21 61 61 | €–€€*

PRESS GANG

Stimmungsvolles Dinnerlokal in historischem Gewölbe; Austernbar. *5218 Prince St. | Tel. 902 4 23 88 16 | €€–€€€*

THE WOODEN MONKEY ☻

Regionale Bioprodukte kommen in diesem Lokal in der Altstadt auf den Tisch.

Unbedingt probieren: Apfelkuchen mit Ahornsirup. *1707 Grafton St. | Tel. 902 4 44 38 44 | €–€€*

EINKAUFEN

Galerien, indianisches Kunsthandwerk und viel nautischen Nippes finden Sie in den *Historic Properties;* große Shoppingmalls liegen an der *Duke Street.* Gutes regionales Kunsthandwerk, Keramik, Webarbeiten und Malereien finden Sie bei *Jennifer's of Nova Scotia (5635 Spring Garden Rd.).*

TOUREN

Hafenrundfahrten per Schaufelraddampfer oder Segelkutter sowie Fahrten zu *Peggy's Cove* werden organisiert von *Murphy's Cable Wharf (Cable Wharf | Tel. 902 4 20 10 15 | www.mtcw.ca).*

AM ABEND

Das rührige Nachtleben konzentriert sich auf die Bars und Clubs im Viertel um die *Grand Parade.* Versuchen Sie es bei *The Dome (1726 Argyle St.),* ● *Split Crow (1855 Granville St.)* oder im *Lower Deck* in den Historic Properties.

ÜBERNACHTEN

THE HALLIBURTON

29 Zimmer in einem historischen Haus am Südende der Innenstadt. *5184 Morris St. | Tel. 902 4 20 06 58 | www.thehalliburton.com | €€*

AUSKUNFT

NOVA SCOTIA DEPARTMENT OF TOURISM

EIn Infobüro befindet sich vor dem Maritime Museum. *1655 Lower Wa-*

ter St. | Tel. 902 4 25 57 81 und 800 5 65 00 00 | www.novascotia.com

ZIEL IN DER UMGEBUNG

PEGGY'S COVE ● (147 D6) *(ᗢ M7)*
Ein Leuchtturm auf moosbewachsenen Granitklippen, von der Brandung umtost, dazu einige bunte Fischerhäuschen: Peggy's Cove, rund 45 km südwestlich von Halifax, gilt als der hübscheste Fischerhafen am Atlantik. Die Souvenirläden freuen sich über den sommerlichen Ansturm der Touristen. Das schlichte Denkmal auf einer Anhöhe etwas südlich des Orts erinnert an die Opfer des Swissair-Absturzes vom September 1998.

LUNENBURG

(147 D5) *(ᗢ M7)* **Die meisten der rund 3000 Ew. des hübschen Fischerhafens an der Südküste von Nova Scotia sind Nachkommen von Deutschen und Schweizern, die sich um 1750 hier niederließen.**

Fischfabriken, Werften und wohl erhaltene Kapitänsvillen bestimmen das Stadtbild. In Lunenburg wurde 1921 die „Bluenose" gebaut, ein berühmter Schoner, der viele Regatten gewann und heute auf der kanadischen 10-Cent-Münze abgebildet ist.

Alte Fotografien und zahlreiche Schaustücke schildern im `INSIDER TIPP` *Fisheries Museum of the Atlantic (im Sommer tgl. 9.30–19, So/Mo bis 17 Uhr | 68 Bluenose Dr. | Eintritt 10 $)* die Geschichte von Seefahrt und Fischerei im rauen Nordatlantik. Ein Aquarium und mehrere originale Fangschiffe sind zu sehen.

Das *Lunenburg Inn (7 Zi. | 26 Dufferin St. | Tel. 902 6 34 39 63 | www.lunenburg inn.com | €€)* ist ein denkmalgeschütztes, viktorianisches Haus in der Altstadt.

PRINCE EDWARD ISLAND

(147 D–E5) *(M M6)* **Rote Kartoffeläcker, feine Sandstrände und die hübschen, anscheinend immer frisch gestrichenen**

ge, beinahe 13 km lange Brücke mit dem Festland verbunden ist.

Die stolze Behauptung, hier gäbe es die besten Hummer Kanadas, sollten Sie in einem der vielen Fischrestaurants oder bei einem traditionellen Hummeressen, dem ⭐ *Lobster Supper* auf P. E. I., unbedingt selbst überprüfen. Elegant sind die *suppers* allerdings nicht, eher deftig. Meist wird in einer Gemeindehalle oder

Leuchtturm auf Prince Edward Island, einem Ferienparadies mit Dünen und langen Sandstränden

Dörfer der Fischer und Farmer sind das bleibende Bild im Gedächtnis jedes Besuchers.

Die wie ein großer Garten anmutende Insel am Südrand des *Gulf of St. Lawrence* ist die kleinste Provinz Kanadas, nur 200 km lang und maximal 60 km breit. Dank seiner buchtenreichen Küste bringt es *P. E. I.* – wie der Name meist abgekürzt wird – auf 800 km Strandlänge! Und da sich das Meerwasser im Sommer auf über 20 Grad erwärmt, ist die Insel eines der liebsten Ferienziele der Kanadier, vor allem seit sie durch eine gewalti-

einem großen Schuppen am Hafen angerichtet: Es gibt *chowder*-Suppe, danach einen dicken Lobster und dazu Kohl- oder Makkaronisalat, einen Maiskolben und Nachspeise. Köstlich sind übrigens auch die berühmten Malpeque-Austern, die in der flachen Meeresbucht nahe dem gleichnamigen Ort geerntet werden.

SEHENSWERTES

BASIN HEAD FISHERIES MUSEUM

Thunfisch und Hummer sind die Themen der Ausstellungen. Dazu ein guter Eisladen! *Im Sommer tgl. 9–18 Uhr | Souris | Eintritt 4 $ | www.peimuseum.com*

CHARLOTTETOWN
1720 von den Franzosen gegründet, hat sich die heutige Provinzhauptstadt (33 000 Ew.) eine liebenswerte Kleinstadtatmosphäre bewahrt. Im restaurierten Altstadtviertel *Old Charlottetown* blieben viele prächtige Stadthäuser der reichen Kapitäne und Händler erhalten.

GREEN GABLES HOUSE
Führungen durch das literaturbekannte Haus aus Lucy Maud Montgomerys

LOW BUDGET

▶ Gratis ist das größte Naturspektakel Neufundlands: Eisberge. Mit dem Labradorstrom kommen die weißen Riesen im Frühjahr und Sommer nach Süden. Beste Beobachtungsorte: die Küste nördlich von *St. John's* sowie das *Kap von Twillingate*. Satellitinfo zur aktuellen Position: *www.icebergfinder.com*

▶ Im Sommer ist mittwochs und samstags Markt in Charlottetown auf P. E. I. Es gibt viel zu essen: prima Gebäck, frische Muscheln, Würste – und die Preise sind die besten auf der Insel. *100 Belvedere Ave.*

▶ Den ganzen Sommer über finden in Halifax in den ● *Public Gardens* (So 14–16 Uhr | Spring Garden Road/ South Park St.) kostenlose Konzerte statt. *Fiddle*-Musik, Country, Rock. Eine bunte Mixtur – und auch ein Augenschmaus, denn die Gärten zählen zu den ältesten Kanadas.

„Anne of Green Gables". *Im Sommer tgl. 9–17 Uhr | Cavendish | Eintritt 7,80 $*

NORDKÜSTE
Die schönsten Strände liegen im Norden: mit weißem Sand in der Region um *Souris,* mit rötlichem Sand im *P. E. I. National Park* bei *Cavendish*. Zahlreiche Buchten und flache Lagunen bieten um das *Greenwich Interpretive Centre* auch Lebensraum für Wasservögel und viele Zugvögel – mehr als 300 Arten wurden schon gesichtet.

ESSEN & TRINKEN/ ÜBERNACHTEN

STANHOPE BAY & BEACH RESORT
Ein historisches Ferienhotel an der Nordküste mit gutem Restaurant, Golf und Windsurfing. *83 Zi. | Stanhope | Tel. 902 6722701 | www.stanhope beachresort.com | €–€€*

AUSKUNFT

P. E. I. VISITOR SERVICES
Visitor Centres an der Brücke und 91 Water St. | Charlottetown | Tel. 800 4634734 | www.tourismpei.com

ST. JOHN'S

(147 F4) (*N5*) **Die Provinzhauptstadt (200 000 Ew.) von Newfoundland & Labrador – nicht zu verwechseln mit der Saint John geschriebenen Stadt in New Brunswick – ist eine der ältesten Städte Nordamerikas und liegt malerisch an den Berghängen um eine geschützte Meeresbucht.**
Sie besitzt einen herrlichen, eisfreien Naturhafen, um den sich Engländer und Franzosen schon im 17. Jh. stritten. Der Hafen bestimmt noch heute das Leben

der Stadt, auch wenn der früher so wichtige Dorschfang zum Erliegen gekommen ist. Für Kulturfreunde sehenswert sind die zwei großen, neogotischen Kathedralen – beide mit dem Namen *Saint John*, die eine anglikanisch, die andere katholisch. Die für Neufundland typischen gestrickten Handschuhe, Modellschiffe und Kunsthandwerk finden Sie in den Läden entlang der *Water Street* und der *Duckworth Street*.

SEHENSWERTES

CABOT TOWER/SIGNAL HILL ☀
Von dem burgartigen Bau wurde 1901 der erste Funkkontakt nach Europa hergestellt. Geologische Ausstellungen am Fuß des Hügels. Schön ist der Blick vom 160 m hohen Hügel auf Hafen und Stadt. *Tgl. 9–17 Uhr, im Winter geschl. | Eintritt 3,90 $*

THE ROOMS
Ausgezeichnetes modernes Provinzmuseum mit Ausstellungen über Pioniergeschichte, Kunst und Kultur der Region. Gutes ☀ Café. *Tgl. 10–17, So ab 12 Uhr, im Winter Mo geschl. | 9 Bonaventure Ave. | Eintritt 7,50 $*

TOUREN

Bootsausflüge zu Vogelfelsen und Eisbergen sowie Walbeobachtung können Sie buchen bei *O'Brien's Whale & Bird Tours (Bay Bulls | Tel. 709 7 53 48 50 | www.obriensboattours.com)*.

ÜBERNACHTEN

COURTYARD HOTEL ☀
Modernes Kettenhotel in der Innenstadt, Hafenblick. *87 Zi. | 131 Duckworth St. | Tel. 709 7 22 66 36 | www.marriott.com/yytcy | €€*

Auf dem *Bird Rock* von Cape St. Mary's brüten Tausende von Tölpeln

AUSKUNFT

NEWFOUNDLAND & LABRADOR DEPARTMENT OF TOURISM
Info Centre am Flughafen und in der City Hall | Tel. 800 5 63 63 53 | www.newfoundlandlabrador.com

ZIELE IN DER UMGEBUNG

CAPE SPEAR ● ☀ (147 F4) (*N5*)
20 km von St. John's entfernt steht auf wellenumtosten Klippen ein Leuchtturm aus dem 19. Jh. Hier sind Sie am östlichsten Punkt des nordamerikanischen Kontinents.

CAPE ST. MARY'S (147 F5) (*N5*)
Im Sommer ist auf der felsigen Landzunge im Südwesten der Avalon-Halbinsel, knapp 150 km südwestlich von St. John's entfernt, eine der größten Seevogelkolonien Nordamerikas zu beobachten.

QUÉBEC

**Schon entlang der Highways von Onta-
rio über die Grenze nach Québec wird
deutlich, dass hier eine andere Welt
beginnt: Die Straßenschilder sind fran-
zösischsprachig, sie zeigen *rues* und
sorties an.**

In uralten Bauerndörfern scharen sich
normannisch anmutende Häuser um
überdimensionierte katholische Kirchen.
Das lebensfrohe Montréal glänzt mit
europäisch-südländischem Esprit, und
die mittelalterlich wirkende Altstadt von
Québec City wird sogar von einer Stadtmauer umkränzt. Québec, die größte
Provinz Kanadas, ist eine sprachliche
und kulturelle Bastion Frankreichs im
britisch-puritanischen Nordamerika. Die
Separatisten unter der Führung des *Parti
Québécois* fordern sogar die Unabhän-

gigkeit vom Bundesstaat. Nur so, glauben sie, könne der drohende Untergang
der frankokanadischen Kultur gebannt
werden. Wenn Sie also Französisch sprechen, umso besser, die patriotischen
Québecer werden es Ihnen danken. Aber
keine Angst, auch mit Englisch kommen
Sie recht gut durch.
Der wichtigste Einwanderungskorridor
Kanadas war seit jeher der St.-Lawrence-
Strom. Auf den fruchtbaren Uferterras-
sen beiderseits des mächtigen Flusses
siedelten bereits vor knapp 400 Jahren
die Kolonisten der französischen Krone.
Hier, in der Region von Montréal bis Québec City, leben heute rund 90 Prozent der
7,7 Mio. Québecer. Weiter östlich, auf der
Halbinsel Gaspé und am Nordufer des St-
Laurent, wird die Besiedlung spärlicher.

Bild: Nächtliche Skyline von Montréal

Savoir-vivre am Fluss St-Laurent: Die alte französische Kultur ist überall spürbar, doch Québec ist auch Teil des modernen Kanada

Dort entfaltet sich die landschaftliche Schönheit der „Belle Province": Die umbrandeten, fast 200 m hohen Klippen im Parc national de Forillon und die bizarren Felssäulen des Mingan-Archipels zählen zu den eindrucksvollsten Naturschönheiten am Atlantik.

Der weite Norden der Provinz schließlich, immerhin rund vier Fünftel der gesamten Landfläche von 1,5 Mio. km², ist fast unbewohnt, besitzt aber größere Kupfer-, Zink- und Goldvorkommen. Eine seenübersäte Felslandschaft, von den Gletschern der Eiszeiten rund geschliffen, dehnt sich bis zur Hudson Bay und zur Ungava Bay am Polarmeer.

Zumindest der Südteil dieser rauen Landschaft mit den waldreichen Laurentian Mountains ist aber touristisch gut zugänglich: Zahlreiche Naturparks laden zu Kanutouren ein, die gemütlichen, rustikalen Landgasthöfe und Lodges sind ideale Stützpunkte zum Wandern im Sommer und zum Langlaufen oder Motorschlittenfahren im schneereichen Winter.

BAIE-COMEAU

(147 D4) (📖 *L6*) **Die Attraktionen der kleinen Hafenstadt (23 000 Ew.) an der einsamen Nordküste des St-Laurent liegen tief in seinem bewaldeten Hinterland: Sieben riesige Dämme stauen die Flüsse Manicouagan und Outardes zur Stromgewinnung.**

Die Dämme *Manic 2* und der 150 m hohe *Manic 5*, einer der größten der Welt, sind zu besichtigen. Eine Fähre verbindet Baie-Comeau mit *Matane* am Südufer des St-Laurent, sodass Sie eine Rundfahrt beiderseits des Stroms machen können. Ein gediegenes Hotel mit anregendem Blick über die Küste und bester Küche ist das *Hôtel le Manoir (57 Zi. | 8 ave. Cabot | Tel. 418 2 96 33 91 | www.manoirbc.com | €–€€).*

GASPÉSIE

(147 D4) (📖 *M6*) ★ **Auf der Gaspé-Halbinsel, einer gut 300 km langen Landzunge, an deren Nordküste das Meer überaus weit in den Mündungstrichter des St-Laurent eindringt, können Sie einige der eindrucksvollsten Landschaften Québecs erleben.**

Bei Baie-Comeau drängen die bewaldeten Berge immer näher an die Küste heran

Besonders schön ist hier eine Tour im September, dann ist ruhige Nachsaison, und die Laubwälder erstrahlen im Farbenrausch des Indian Summer.

SEHENSWERTES

JARDIN DE MÉTIS

Ein altes Herrenhaus mit historischem Museum und Kunstausstellungen, ringsum eine großartige Gartenanlage. *Im Sommer tgl. 8.30–18, Juli/Aug. bis 20 Uhr | route 132 bei Mont Joli | Eintritt 17 $*

MUSÉE DE LA GASPÉSIE

Das Museum dokumentiert die Geschichte der Siedler auf der Gaspé-Halbinsel. *Im Sommer 9–17 Uhr | 80 boul. Gaspé-Gaspé | Eintritt 8,50 $*

RUNDFAHRT

Von Québec City führt die route 132 durch malerische alte Bauerndörfer am Südufer des St-Laurent nach *Montmagny*. Auf der vorgelagerten *Île aux Grues,* zu denen auch Bootstouren angeboten werden, legen im Spätsommer Tausende von Schneegänsen einen Stopp auf ihrem Weg nach Süden ein. *St-Jean-Port-Joli* ist als eine Art kanadisches Oberammergau für seine Holzschnitzer und Kunsthandwerker berühmt. Viele Werkstätten können Sie besichtigen. Leuchttürme, traditionelle Dörfer und lange Strände säumen den weiteren Weg nach Osten. Ab *Matane* wird die Küste einsamer und rauer, die Berge rücken immer näher an den breiter werdenden Strom heran. Das von subarktischer Vegetation geprägte Hinterland der *Chic Choc Mountains,* einer der ältesten Bergketten Nordamerikas, bietet etwas landeinwärts an der route 299 im 800 km² großen *Parc national de la Gaspésie* Lebensraum für Elche, Bären und Karibus – und ein herrliches Wandergebiet. Im *Parc national du Canada Forillon,* an der Ostspitze der Halbinsel, tauchen die Berge ins Meer: Fast 200 m hohe Kalksteinklippen türmen sich über den Brechern des Atlantiks auf. Die Südküste des Parks ist dagegen geschützt und verlockt mit kleinen Buchten und Stränden zum Baden. Bei *Percé,* einem hübschen Künstler- und Fischerort, steht der *Rocher Percé,* ein fast 90 m hoher, roter Felsen. Bei Ebbe können Sie auf einer Sandbank hinausgehen und die im Schieferfels eingeschlossenen Fossilien aus dem Devon betrachten. Einige Kilometer vor der Küste liegt die *Île Bonaventure,* ein Vogelschutzgebiet mit großen Kolonien von Papageitauchern und Tölpeln. Die Südküste der Halbinsel schließlich, an der im Sommer überraschend warmen *Baie des Chaleurs,* ist lieblicher und weniger zerklüftet. Hier liegen Ferienorte wie *Bonaventure* oder *Carleton* mit Sandstränden, Wanderwegen und guten Lachsflüssen für Angler.

ESSEN & TRINKEN

AUBERGE FORT PRÉVEL

Serviert wird eine ausgezeichnete Regionalküche. *St-Georges-de-Malbaie | Tel. 418 3 68 22 81 | €€*

ÜBERNACHTEN

AUBERGE FESTIVE SEA SHACK

Hostel und Pension mit 10 Blockhütten direkt an der Küste; Campingmöglichkei-

MARCO POLO HIGHLIGHTS

★ **Gaspésie**
Spektakuläre Felsklippen und hübsche Orte → S. 46

★ **Blick vom Turm des Olympiastadions**
80 km Fernsicht → S. 52

★ **Ville Souterraine**
Die Stadt unter der Erde von Montréal → S. 54

★ **Altstadt von Québec City**
Fast 400 Jahre alte Gassen und Gemäuer samt dem berühmten Château Frontenac → S. 56

★ **Île d'Orléans**
Idyllische Bauerndörfer am St-Laurent → S. 59

An der Nordspitze des 32 km langen Lake Memphremagog liegt das Urlaubsstädtchen Magog

ten und Wanderwege; Touren zum Foril-
lon National Park. *292 boul. Perron Est |
Ste-Anne-des-Monts | Tel. 418 7 63 29 99 |
www.aubergefestive.com | €–€€*

INSIDER TIPP **CENTRE D'ART MARCEL
GAGNON** ☙
Einfaches B & B mit Blick über den St-Lau-
rent; angeschlossen ist ein Maleratelier.
*10 Zi. | 564 route de la Mer | Ste-Flavie | Tel.
418 7 75 28 29 | www.centredart.net | €*

LA NORMANDIE ☙
Schöner Blick auf den Rocher Percé.
*45 Zi. | 221 route 132 | Percé | Tel. 418
7 82 21 12 | www.normandieperce.com |
€€–€€€*

TOUREN

Exkursionen zu den besonders im
Sommer sehr belebten Vogelkolonien
auf der Île Bonaventure unternimmt
INSIDER TIPP *Les Bateaux de Croisières
Julien Cloutier (Percé | Tel. 418 7 82 2161).*

AUSKUNFT

**ASSOCIATION TOURISTIQUE
REGIONALE DE LA GASPÉSIE**
*357 route de la Mer | Ste-Flavie | Tel. 418
7 75 22 23 | www.tourisme-gaspesie.com*

MAGOG

(146 C5) (*m* L7) **Das 14 000-Einwohner-
Städtchen im Herzen der** *Eastern Town-
ships* **– einer beliebten Ferienregion mit
vielen gepflegten Hotels und Golfplätzen – liegt in den bewaldeten Vorbergen
des Appalachengebirges, das über die
nahe US-Grenze bis Québec reicht.**
Vom ☙ Gipfel des *Mont Orford* aus können Sie einen weiten Blick über das wel-
lige Land werfen, in der über hundertjäh-
rigen Benediktinerabtei *St-Benoît-du-Lac*
den hervorragenden Käse der Mönche
probieren und in dem hübsch am Lake
Massawippi gelegenen Ort *North Hatley*
die Villen der reichen amerikanischen

Sommerfrischler aus den 1920er-Jahren bewundern.

Auskunft: *Tourisme Cantons-de-l'Est | 20 rue Don-Bosco Sud | Sherbrooke | Tel. 819 8 20 20 20 | www.cantonsdelest.com*

MINGAN-ARCHIPEL

(147 D–E4) (*M5*) **Die** *route Jacques-Cartier,* **die von Québec City aus das Nordufer des St-Laurent erschließt, endet nach rund 650 km in** *Havre-St-Pierre,* **von dem aus Bootstouren in die Inselwelt des Parc national du Canada de l'Archipel-de-Mingan angeboten werden.**

Ebbe und Flut haben dort bis zu 4 m hohe, bizarre Felssäulen aus dem weichen Kalkstein erodiert. Auf den mehr als 40 Inseln, die in einer lang gestreckten Kette vor der Küste liegen, sind Seehunde und über 200 Vogelarten, darunter Papageitaucher, Seeschwalben und Kormorane, zu beobachten.

Im Nachbarort *Longue-Point* erläutert ein großes *Centre d'Interpretation (im Sommer tgl. 9–21 Uhr | www.rorqual.com)* die Lebensweise der hier vorkommenden Buckel-, Pilot-, Finn- und Blauwale.

Drei- bis vierstündige Bootstouren zu den schönsten Felsformationen organisiert *La Tournée des Îles (Havre-St-Pierre | Tel. 418 5 38 25 47 | www.tourismeduplessis.com/sites/tourneedesiles).*

MONTRÉAL

KARTE AUF SEITE 50/51
(146 C5) (*L7*) **Die Metropole Québecs und mit über 3,7 Mio. Ew. zweitgrößte Stadt Kanadas will erlaufen und erlebt sein, erst dann werden Sie ihr Temperament, ihre Lebensfreude und vielfältige Kultur schätzen lernen.**

70 Prozent der Montréaler sprechen Französisch als Muttersprache, und das gallische Temperament, die Freude am

> **CITY WOHIN ZUERST?**
> Startpunkt ist die **Place Jacques-Cartier (51 D2)** (*d2*) im Herzen der winkligen Altstadt mit der nahen Basilique Notre-Dame und den belebten Piers des alten Hafens. Per Metro oder Bike erreichen Sie von hier aus gut die Shoppingmeile der rue Ste-Catherine, das Musée des Beaux Arts oder die junge Szene auf der rue St-Denis bzw. am Plateau-Mont-Royal.
> Parkplätze gibt es reichlich an der rue de la Commune östlich der place Jacques-Cartier – oder Sie nehmen gleich ein *Bixi*-Mietrad von Ihrem Hotel aus.

MONTRÉAL

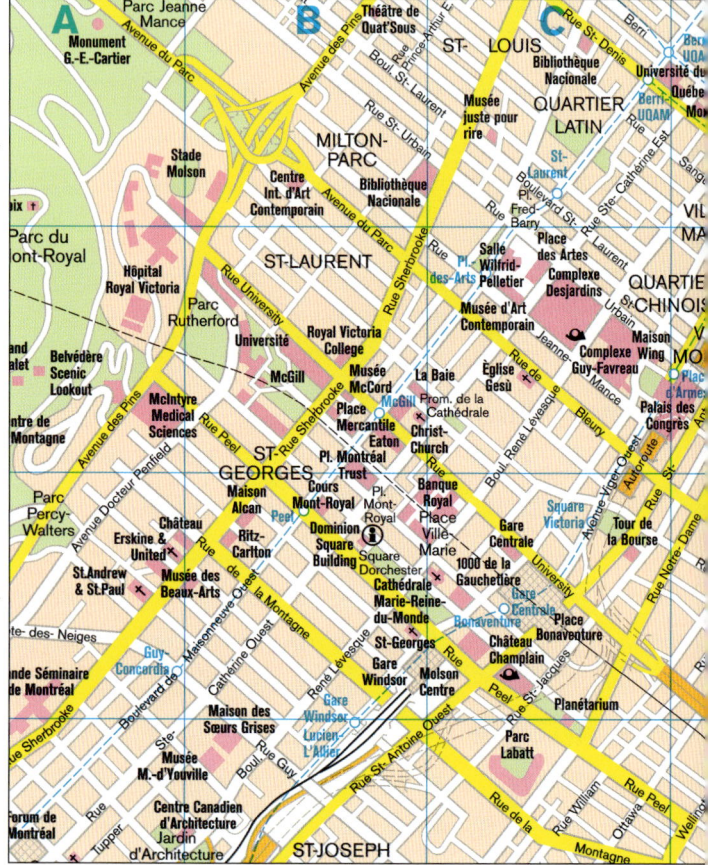

guten Essen, am vergnügten Plausch im Bistro sind auch nach 200 Jahren Zugehörigkeit zum britischen Reich noch ungebrochen. Sperrstunde ist erst um drei Uhr morgens, und die Montréaler nutzen dies weidlich aus.

Die Stadt liegt auf der geografischen Breite von Mailand. Doch hier gibt es kein Mittelmeer und keine Alpen, die das Klima mildern könnten. So sind die Sommer schwülheiß, die Winter dagegen bitterkalt und schneereich. Als

Fluchtburg bauten sich die Montréaler eine *Ville Souterraine,* eine wetterresistente, unterirdische Stadt mit kilometerlangen Ladenpassagen, Kinos, Cafés und Restaurants.

Ein Luxus, von dem die ersten französischen Siedler, die 1642 die Stadt gründeten, nur träumen konnten. Sie „mussten" ja zunächst einmal die Irokesen vertreiben, die auf der großen, 50 km langen Insel im St-Laurent lebten. 1701 wurde Frieden geschlossen. Montréal

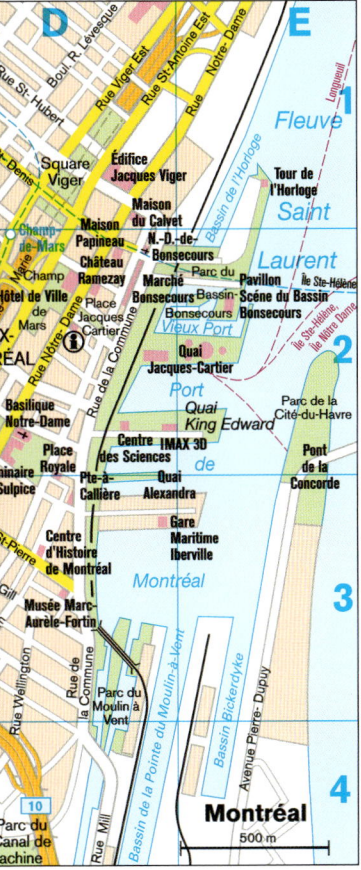

ter. Dahinter, in der sanft zum Fluss hin geneigten Ebene zwischen Altstadt und Mont Royal, ragen die Wolkenkratzer der Innenstadt auf. Westlich davon wird vorwiegend Englisch gesprochen, denn dort liegt *Westmount,* das Wohn- und Einkaufsviertel der Anglo-Montréaler. Im Osten der Innenstadt verläuft der *boulevard St-Laurent,* an dem sich die Einwandererviertel entlangreihen und östlich dessen die rein französischen Stadtviertel beginnen.

Alles lässt sich gut zu Fuß erschließen, die nächste U-Bahn-Station ist niemals weit entfernt. Aber verlaufen Sie sich ruhig, die freundlichen Montréaler bringen Sie gern wieder auf den richtigen Weg – und zeigen Ihnen vielleicht noch ein nettes Bistro.

SEHENSWERTES

CATHÉDRALE MARIE-REINE-DU-MONDE/RUE STE-CATHÉRINE

(50 C1–2) (*ADFA* j1–2)

An der Hauptgeschäftsstraße, der *rue Ste-Catherine,* verblüfft am Square Dorchester eine detailgetreue Verkleinerung des Petersdoms: die *Cathédrale Marie-Reine-du-Monde* (1894).

ÎLE STE-HÉLÈNE (0) (*ADFA* 0)

In den Parkanlagen auf der kleinen, der Altstadt vorgelagerten Insel liegt neben dem Vergnügungspark *La Ronde* auch ein altes *Fort* von 1822 (Militärmuseum), in dem während des Sommers Soldaten in historischen Kostümen exerzieren. Im Südteil der Insel und auf der Nachbarinsel *Île Notre-Dame* fand 1967 die Weltausstellung statt. Im ehemaligen Pavillon der USA zeigt heute die sehr gute INSIDER TIPP Ausstellung *Biosphère* (im Sommer tgl. 10–18 Uhr | Eintritt 12 $) die Ökologie der Großen Seen und des St-Laurent.

blühte auf – erst als Pelzhändlerstadt, dann bald als größte und wichtigste Stadt Kanadas. Ein Rang, den sie erst in den 1970er-Jahren an Toronto abtreten musste. Vor allem die separatistische Bewegung Québecs hat in den letzten Jahrzehnten zahlreiche anglokanadische Firmen zum Abwandern ins „sichere" Ontario veranlasst.

Die Orientierung ist nicht schwer: Am Südufer der *Île de Montréal* liegt die winkelige Altstadt mit ihrem Kopfsteinpflas-

MONTRÉAL

MONT ROYAL (50 A1–2) (*m g1–2*)

Der Berg, der Montréal seinen Namen gab, ist heute eine gut 2 km² große, bewaldete Parklandschaft. Ein großartiger Blick über die Innenstadt bietet sich von der Aussichtsterrasse am  *Mont Royal Chalet*.

MUSÉE D'ART CONTEMPORAIN (50 C2) (*m j2*)

Werke zeitgenössischer Künstler, vielfach aus Québec, in einem postmodernen Bau. *Di–So 11–18, Mi bis 21 Uhr | 185 rue Ste-Cathérine | Eintritt 12 $ | www.macm.org*

MUSÉE DES BEAUX-ARTS ● (50 A–B3) (*m g–h3*)

Das älteste Kunstmuseum Kanadas ist berühmt für seine großen Wanderausstellungen und besitzt eine bedeutende Sammlung kanadischer Künstler, guter Museumsladen. *Di–Fr 11–21, Sa/So 10–17 Uhr | 1379 rue Sherbrooke Ouest | Eintritt frei, Sonderausstellungen 15–20 $ | www.mbam.qc.ca*

PARC OLYMPIQUE (0) (*m 0*)

Lange musste man auf den ★ Blick vom Turm des Olympiastadions warten: Der für die Olympischen Spiele 1976 geplante und 175 m hohe „schiefe Turm von Montréal" wurde erst 1987 fertig. *Aussichtsplattform tgl. 9–22, im Winter bis 17, Sa/So bis 19 Uhr | Eintritt 16 $ | www.rio.gouv.qc.ca*

INSIDER TIPP ▶ POINTE-À-CALLIÈRE (50 D3) (*m k3*)

Hier wird Stadtgeschichte einmal anders präsentiert: Nach einer spektakulären Multimediashow wandelt man unter der place Royale durch ein Labyrinth alter Gemäuer. *Tgl. 10–18, Sa/So ab 11 Uhr, im Winter geschl. | 350 place Royale | Eintritt 18 $ | www.pacmusee.qc.ca*

RUE ST-DENIS (50–51 C–D1) (*m j–k1*)

Cafés, Kinos und kleine Restaurants prägen das Straßenbild im Studentenviertel um die *Université du Québec*. Besonders beliebt: die Fußgängerzone der *rue Prince-Arthur*.

Der baumbestandene Mont Royal ist Montréals grüne Lunge und gleichzeitig ihr Namensgeber

10

VIEUX MONTRÉAL (51 D2) (*□ k2*)

Um die *place Jacques-Cartier* und die *place d'Armes* liegen die wichtigsten Sehenswürdigkeiten Montréals: die große, 1829 erbaute *Basilique de Notre-Dame* (abends Son-et-Lumière-Shows) mit herrlichen Schnitzereien von Victor Bourgeau, die *Chapelle Notre-Dame-de-Bonsecours* von 1771, von einer kupfernen Marienstatue gekrönt, das lang gestreckte *Château de Ramezay,* die einstige Residenz der Gouverneure und eines der ältesten Gebäude der Stadt, und das archäologische Museum *Pointe-à-Callière* in postmoderner Architektur.

Unten am *Vieux Port* legen die Boote zur Hafenrundfahrt ab (auch Jetbootfahrten durch die Lachine-Stromschnellen). Vor allem im Sommer herrscht hier ein buntes Treiben in den Straßencafés und auf den Märkten.

ESSEN & TRINKEN

Viele Restaurants finden Sie in der Altstadt, entlang der *rue Ste-Cathérine* und im *Universitätsviertel,* beliebte griechische, portugiesische und vietnamesische Lokale in der *rue Prince-Arthur* und *rue Duluth.*

ALTITUDE 737 ⚘ (50 C3) (*□ j3*)

Elegantes Dinnerlokal im 45. Stockwerk mit Terrassenbar. *1 place Ville-Marie | Tel. 514 3 97 07 37 | €€–€€€*

LE COMMENSAL ☺ (50 C1) (*□ j1*)

Kleine Kette von vegetarischen Buffetrestaurants mit mehreren Ablegern in der Stadt, z. B. *rue 1720 St-Denis | Tel. 514 8 45 26 27 | €*

GLOBE (50 C1) (*□ j1*)

Schickes Szenelokal mit toller Küche und guten Cocktails. *3455 boul. St-Laurent | Tel. 514 2 84 38 23 | €€*

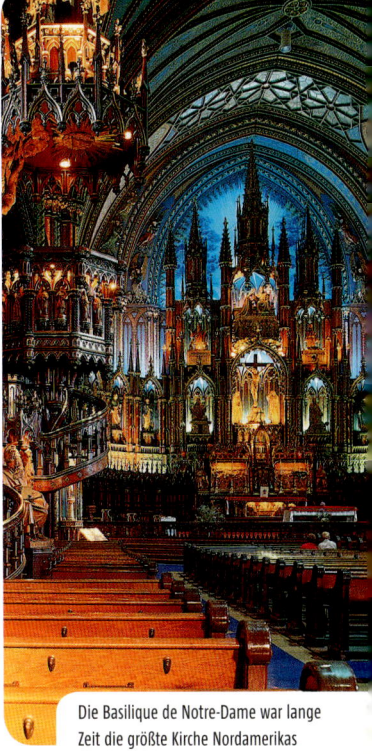

Die Basilique de Notre-Dame war lange Zeit die größte Kirche Nordamerikas

OLIVE ET GOURMANDO (51 D3) (*□ k1*)

Witziges Bistro in Alt-Montréal, 8–18 Uhr geöffnet. *351 rue St-Paul Ouest | Tel. 514 3 50 10 83 | €*

INSIDER TIPP SCHWARTZ'S DELI (50 B1) (*□ h1*)

Das würzige Rauchfleisch ist eine Montréaler Spezialität. Witzig und urig. *3895 boul. St-Laurent | Tel. 514 8 42 48 13 | €*

EINKAUFEN

Kaufhäuser wie *The Bay* und zahlreiche Boutiquen liegen an der *rue Ste-Ca-*

Auch zum Relaxen geeignet: der Theaterkomplex Place des Arts

thérine, der wichtigsten Shoppingmeile. Schön sind auch die großen Märkte der Stadt wie etwa *Marché Jean Talon (rue Casgrain/rue Jean-Talon).*

VILLE SOUTERRAINE ★ ●
(50 C3) (*ØØ j3*)

32 km lange unterirdische Passagen, 1700 Läden und 200 Restaurants locken auch im Sommer unter die Erde. Der älteste Teil der Untergrundstadt liegt um die *place Ville-Marie,* die neuesten Prachtpassagen sind *Promenades Cathédrale*, *Les Ailes de la Mode* sowie *1000 de la Gauchetierre.*

TOUREN

Neben Rundfahrten mit den Doppeldeckerbussen von *Montreal Tours (Tel. 888 8 48 07 29)* werden in der Altstadt und der Innenstadt auch Touren per Pferdewagen angeboten: Abfahrt am Square Dorchester (50 B3) (*ØØ h3*).

BIXI-BIKES ● ⏱

Umweltfreundlich und preiswert: Man nutzt jeweils halbstundenweise wechselnde Räder, die in Radständern an vielen Ecken der Stadt warten. Abgerechnet wird per Kreditkarte. Kosten: 7 $ für einen Tag, 15 $ für 3 Tage. *montreal. bixi.com*

AM ABEND

Ballett, Theater und Oper können Sie in den Kulturtempeln der *Place des Arts* erleben (50 C2) (*ØØ j2*) (Karten-Tel.: 514 8 42 2112). Das Nachtleben konzentriert sich im Westend um die rue Ste-Cathérine und die rue Crescent in Klubs wie dem *Sir Winston Churchill* (50 B3) (*ØØ h3*) (1455 rue Crescent), im Osten um die rue St-Denis. Einige liegen auch in Vieux Montréal. Guten Jazz gibt es im *House of Jazz* (50 B2) (*ØØ h2*) (2060 rue Aylmer) und im **INSIDER TIPP** *Upstairs* (50 B3) (*ØØ h3*) (1258 rue MacKay | www. upstairsjazz.com), wo mittwochs bis sonntags jeden Abend andere Bands auftreten. Beliebt sind auch Bar und Disko *727/737* im Obergeschoss des Büroturms *Place Ville-Marie* (50 C3) (*ØØ j3*), die *Jello Martini Lounge* (50 C1) (*ØØ j1*) (151 rue Ontario Est) sowie für gute Rockkonzerte das *Metropolis* (50 C1) (𝄞 *j1*) (*59 rue Ste-Catherine Est*).

ÜBERNACHTEN

HÔTEL DE PARIS (O) (𝄞 *O*)
Einfache Pension und Jugendherberge. *39 Zi. | 901 rue Sherbrooke Est | Tel. 514 5 22 68 61 | www.hotel-montreal.com | €–€€*

SOFITEL MONTRÉAL (50 B3) (𝄞 *h3*)
Luxuriöses Designerhotel in bester Lage der Innenstadt. *258 Zi. | 1115 rue Sherbrooke Ouest | Tel. 514 2 85 90 00 | www.sofitel.com | €€€*

SQUARE PHILLIPS (50 C2) (𝄞 *j2*)
Schlafen mit Loft-Feeling. Pool auf dem Dach. *160 Zi. | 1193 place Phillips | Tel. 514 3 93 11 93 | www.squarephillips.com | €€–€€€*

AUSKUNFT

INFOTOURISTE/OFFICE DU TOURISME DU GRAND MONTRÉAL (50 B3) (𝄞 *h3*)
1255 rue Peel | Suite 100 | Tel. 514 8 73 20 15 | www.tourisme-montreal.org

ZIELE IN DER UMGEBUNG

CHAMBLY (146 C5) (𝄞 *L7*)
Die Kleinstadt (20 000 Ew.), ca. 30 km östlich von Montréal, ist Ausgangspunkt für Touren in das Tal des Richelieu-Flusses, der früher die wichtigste Verbindung gen Süden war. Im *Fort Chambly (im Sommer tgl. 10–18 Uhr | Eintritt 5,65 $)* wird die wechselvolle Geschichte der von Irokesen, Franzosen, Engländern und Amerikanern umkämpften Region deutlich.

LAURENTIDES (146 C4–5) (𝄞 *L7*)
Die auf der Autoroute 15 in gut einer Stunde erreichbare Bergregion nördlich

der Stadt ist an den Wochenenden das Naherholungsgebiet der Montréaler. Werktags hat man das weitläufige Waldgebiet nahezu für sich. Ferienhotels und schöne Badeseen finden Sie vor allem um *Ste-Adèle* und *Ste-Agathe-des-Monts.* Im bereits 1894 gegründeten *Parc national du Mont-Tremblant* können Sie auf Wanderungen oder Radtouren über 500 Seen und zahllose Wasserfälle entdecken. Im Winter ist der Park ein beliebtes Skizentrum.

QUÉBEC CITY

KARTE AUF SEITE 57
(146 C5) (𝄞 *L7*) **Gepflasterte, winkelige Gassen, steinerne Stadttore und trutzige Bastionen – die sehr mittelalterlich wirkende Hauptstadt der Provinz Québec (765 000 Ew. im Großraum) entzückt die zahllosen amerikanischen Touristen mit ihrem Altstadtcharme.**

Als Europäer ist man zumindest verblüfft. Aber das bereits 1608 an der Mündung des St-Charles in den St-Laurent gegründete Québec City kann tatsächlich mit ei-

---

CITY ▸ WOHIN ZUERST?

Für den ersten Überblick ist die **Terrasse Dufferin** vor dem Château Frontenac am besten. Von hier sind Sie schnell zu Fuß oder mit dem *funiculaire* unten in der Altstadt in der rue de Petit Champlain und an der place Royale sowie am sehenswerten Musée de la Civilisation. Zurück in der Haute Ville lockt die rue St-Jean zum Shopping- und Restaurantbummel.

Parken: am Fluss neben der Fährstation (50 rue Dalhousie) oder in der Oberstadt um die Grand-Allée.

ner langen Geschichte aufwarten – und das ist eine Seltenheit im noch jungen Kanada.

In Québec lassen Sie das Auto am besten in der Hotelgarage. Die Altstadt ist gut zu Fuß zu erkunden.

SEHENSWERTES

BASSE VILLE

Auf einer schmalen Uferterrasse am St-Laurent gelegen, wo Samuel de Champlain das erste kleine Fort der Franzosen errichtete. In den alten Häusern an der rue de Petit-Champlain und um die place Royale mit der 1688 erbauten Kirche *Notre-Dame-des-Victoires* haben heute Galerien, Cafés und Souvenirläden Einzug gehalten.

CAP AUX DIAMANTS

Am Südrand der Stadt, auf der Spitze des 110 m hohen Kaps, steht die mächtige *Zitadelle (im Sommer tgl. 10 Uhr Wach-*

wechsel). Die weitläufigen Wiesen der *Plaines d'Abraham* vor den Burgmauern waren 1759 Schauplatz der entscheidenden, nur 20 Min. dauernden Schlacht zwischen Franzosen und Engländern um die Vorherrschaft in Amerika.

HAUTE VILLE

Wahrzeichen der auf steiler Klippe thronenden Oberstadt ist das prächtige Hotel *Château Frontenac,* unter dessen grünspanigen Dächern schon Präsidenten und Könige schliefen (Führungen). Rings um das Schlosshotel drängen sich, von einer Stadtmauer umkränzt, die Gassen und Plätze der ★ *Altstadt von Québec City:* die quirlige *place d'Armes,* die Aussichtspromenade ☀ *Terrasse Dufferin* und die *rue St-Louis* mit vielen Häusern aus dem 17. Jh.

MUSÉE DE L'AMÉRIQUE FRANÇAISE

Die Sammlungen in dem 1663 gegründeten Priesterkolleg widmen sich der

Prunkvolles Wahrzeichen von Québec City: das Traditionshotel Château Frontenac

Québec

300 m

Kirchengeschichte Québecs. *Tgl. 9.30–17, im Winter Di–So 10–17 Uhr | 2 côte de la Fabrique | Eintritt 8 $ | www.mcq.org*

MUSÉE DE LA CIVILISATION

Informatives zu den Ursprüngen von Kanada und Québec City sowie spannende Wechselausstellungen, zu sehen in einem Museumsbau von Moshe Safdie. *Tgl. 9.30–18.30, Do bis 21, im Winter 10–17 Uhr und Mo geschl. | 85 rue Dalhousie | Eintritt 14 $ | www.mcq.org*

MUSÉE DU FORT

Ein patriotisches Spektakel, das die Belagerungen und Schlachten des 18. Jhs. illustriert. *Tgl. 10–17 Uhr, im Winter variable Zeiten | 10 rue Ste-Anne | Eintritt 8 $ | www.museedufort.com*

MUSÉE NATIONAL DE BEAUX ARTS DU QUÉBEC

Eine umfassende Chronologie des Kunstschaffens in der Provinz Québec; sehr gute Inuit-Ausstellung. *Tgl. 10–18, Mi* *bis 21, im Winter Di–So 10–17 Uhr | 1 ave. Wolfe-Montcalm | Eintritt frei, Sonderausstellungen 15 $ | www.mnba.qc.ca*

PARC DE L'ARTILLERIE

Ausstellungen zur Stadtbefestigung mit einem großen Modell der Stadt Québec im Jahr 1808. *Im Sommer tgl. 10–18 Uhr | 2 rue d'Auteuil | Eintritt 3,90 $*

ESSEN & TRINKEN

CAFÉ COSMOS

Nette Brasserie mit ausgezeichnetem Frühstück. *575 Grande Allée Est | Tel. 418 6 40 06 06 | €€–€€€*

LOW BUDGET

▶ Für nur 3,10 $ gibt es in Québec City eine Bootstour. Na ja, eigentlich ist es eine Fährfahrt vom Altstadtpier auf dem Südufer des St-Laurent nach Lévis. Aber der Blick auf die Stadtsilhouette ist ebenso schön wie bei einer Hafenrundfahrt.

▶ *Apportez votre vin* oder *BYOW* steht manchmal auf Schildern in Montréals Lokalen des Viertels Plateau-Mont-Royal, um die rue Prince-Arthur und die rue Duluth. Zum Essen können Sie hier – gegen eine kleine Gebühr für die Gläser – Ihren eigenen preiswert im Supermarkt gekauften Wein trinken.

▶ Der *Montréal Museums Pass* ist ideal für Kulturfans: Für 60 $ haben Sie drei Tage freien Eintritt in 38 (also praktisch alle) Museen der Stadt. Und für 5 $ mehr dürfen Sie dazu alle Busse und U-Bahnen nutzen.

LE MARIE-CLARISSE

Mitten im Touristenviertel, aber sehr gute Qualität und eine winzige Terrasse. *12 rue du Petit Champlain | Tel. 418 6 92 08 57 | €€*

INSIDER TIPP ▶ **SAGAMITÉ** ☺

Sehr gutes indianisches Lokal am Stadtrand; gekocht wird viel mit regionalen Bioprodukten. Mit Museum und Hotel. *10 boul. Maurice-Bastien | Wendake | Tel. 418 8 47 69 99 | €€*

EINKAUFEN

Die *rue St-Jean* ist die wichtigste Einkaufsstraße der Altstadt. Besonders schön zum Shoppen für regionale Spezialitäten wie Ahornsirup und Bioprodukte ist auch der ☺ *Marché du Vieux Port (im Sommer tgl. 9–18, Sa/So bis 17 Uhr | 160 quai St-André)*.

AM ABEND

Die abendliche Flaniermeile ist die *Grand Allée* außerhalb der Stadtmauer. Im Sommer stellen die Cafés Stühle und Tische raus, Chansonniers lassen ihre Gitarren erklingen, und drinnen trifft sich die junge Szene: z. B. im *Chez Dagobert* (Nr. 600) oder im *Chez Maurice* (Nr. 575).

ÜBERNACHTEN

CHÂTEAU FRONTENAC

Historische Eleganz regiert: Wie ein mittelalterliches Schloss mit Türmchen und Zinnen ragt das 1893 erbaute Traditionshotel über der Stadtsilhouette auf. Ein prachtvolles Beispiel für den damaligen Stil der kanadischen Eisenbahnhotels – es werden auch Führungen angeboten. Schöne ✿ Pianobar. *618 Zi. | 1 rue des Carrières | Tel. 418 6 92 38 61 | www. fairmont.com | €€€*

HÔTEL LE PRIORI

Schickes Avantgardehotel am Fuß der Altstadtklippe. *26 Zi. | 15 rue du Sault-au-Matelot | Tel. 418 6 92 39 92 | www.hotellepriori.com | €€–€€€*

RELAIS CHARLES-ALEXANDER

Mit viel Kunst eingerichtete gute Pension am Rand der Altstadt. *23 Zi. | 91 Grande Allée Est | Tel. 418 5 23 12 20 | www.quebecweb.com/rca | €–€€*

AUSKUNFT

CENTRE INFOTOURISTE
12 rue Ste-Anne | Tel. 877 2 66 56 87

OFFICE DU TOURISME DE QUÉBEC
835 ave. Wilfrid-Laurier | Tel. 418 6 41 62 90 | www.quebecregion.com

ZIELE IN DER UMGEBUNG

CÔTE DE BEAUPRÉ (146 C5) (*L6–7*)

Die route 360, die „Straße des Königs", führt entlang des geschichtsreichen Nordufers des St-Laurent. Das 1673 im normannischen Stil erbaute *Bellanger-Girardin-Haus* in *Beauport* verdient einen Stopp ebenso wie die 83 m hohen *Montmorency-Wasserfälle.* Von der Bar des *Manoir Montmorency* oberhalb der Fälle haben Sie einen wunderbaren Blick.

Ste-Anne-de-Beaupré ist der berühmteste katholische Wallfahrtsort Nordamerikas. Im Untergeschoss der Basilika der hl. Anna (1923), Schutzpatronin der Seefahrer, zeugen zahllose abgelegte Krücken von den Wundern, die diesem Ort zugeschrieben werden. Einige Kilometer weiter östlich ist jeden Herbst ein Naturwunder zu bestaunen, wenn mehr als 300 000 Schneegänse am *Cap Tourmente* Station machen auf ihrem Zug nach Süden. *www.captourmente.com*

Jährlich von rund einer halben Million Pilgern besucht: Ste-Anne-de-Beaupré

ÎLE D'ORLÉANS ★ (146 C5) (*L6–7*)

Bauerndörfer mit malerischen kleinen Kirchen, schöne Landszenen vor der Kulisse des breiten St-Laurent – die Zeit scheint stehen geblieben zu sein auf der 30 km langen Insel östlich von Québec City. Bis zum Bau einer Brücke zum Festland 1935 lebten die Bewohner des Eilands trotz der Stadtnähe in völliger Abgeschiedenheit. Auf einer Ringstraße haben Sie Panoramablicke auf Québec City und den Fluss, und an den Straßenständen werden Ahornsirup, Honig, Cidre und Obst angeboten.

SAGUENAY-REGION

(146 C4) (⟨𝔐 L6) In einem von den Gletschern der Eiszeit tief eingegrabenen Fjordtal strömt der Saguenay-Fluss vom Lac St-Jean zum St-Laurent.

Nahe der Flussmündung bei *Tadoussac* sammeln sich im Sommer und Herbst dustrieorte Québecs. 1920 stand hier das damals größte Zellulosewerk der Welt. Der Ursprung des Saguenay, der *Lac St-Jean,* ist ein fast kreisrunder Restsee aus der Eiszeit von 900 km² Fläche. Den Québecern gilt er als beliebtes Segelrevier und Ferienziel mit schönen Stränden. Wenn in den Wäldern ringsum die Blaubeeren reifen, versäumen Sie nicht, hier eine der berühmten Blaubeertorten zu probieren.

Die wahrlich großen Dimensionen des Fjordtals entdecken: Kajaktour auf dem Saguenay

Beluga- und Blauwale, die oft bei Fährfahrten oder organisierten Waltouren beobachtet werden können. Tadoussac selbst ist eine der ältesten Siedlungen Kanadas, da hier bereits im 16. Jh. baskische Fischer Wale jagten und mit den Indianern handelten.

Weiter stromaufwärts, im *Parc national de Saguenay,* ragen rund um die ☀ INSIDER TIPP ▶ *Baie Éternité* schroffe Felsen bis 400 m hoch über dem Tal auf. Dort finden Sie schöne Wanderwege. Am Fjordende liegt der Handelshafen *Chicoutimi* (66 000 Ew.), einer der ältesten In-

SEHENSWERTES

CIMM

Ausstellungszentrum der Walforscher, das auch Filmvorführungen und INSIDER TIPP ▶ Bootstouren zu den Belugas im Saguenay-Fjord organisiert. *Im Sommer tgl. 9–20 Uhr | Tadoussac | Eintritt 12 $ | www.gremm.com*

MUSÉE AMÉRINDIEN

Sammlungen der Montagnais in dem kleinen indianischen Dorf *Mashteuiatsh*. *Im Sommer tgl. 9–18 Uhr | Eintritt 10 $*

LA PULPERIE

Großes Industriemuseum in einer alten Zellulosefabrik, das die Arbeitsweisen der Holzindustrie zeigt. Auch Theateraufführungen. *Im Sommer tgl. 9–18 Uhr | 300 rue Dubuc | Chicoutimi | Eintritt 12 $ | www.pulperie.com*

VAL-JALBERT

Das Industriestädtchen am Südufer des Lac St-Jean ist heute ein Freilichtmuseum. Ein schöner, 72 m hoher Wasserfall befindet sich hinter dem Sägewerk. Mit Restaurant sowie ● Hütten und Zimmern, in denen Sie wie in früheren Zeiten übernachten können. *Im Sommer tgl. 10–17 Uhr | Roberval | Eintritt 25 $ | www.valjalbert.com*

LA VOIE MALTÉE

Brauknipe mit witzigen Biergerichten, Terrasse. *777 boul. Talbot | Chicoutimi | Tel. 418 5 42 43 73 | €–€€*

AZIMUT AVENTURE

● Kajaktouren auf dem Fjord und zur Walbeobachtung von drei Stunden bis zu fünf Tagen. Kajakvermietung. *146 rue Bord-de-L'Eau | Tadoussac Beach | Tel. 418 2 37 44 77 | www.azimutaventure.com*

CROISIÈRES DU FJORD

Bootstouren auf dem Saguenay. *Tel. 416 5 43 76 30 | www.croisieresdufjord.com*

TADOUSSAC

Ein herrliches nostalgisches Hotel direkt am St-Laurent gelegen. *149 Zi. | Tadoussac | Tel. 418 2 35 44 21 | www.hoteltadoussac.com | €€*

ASSOCIATION TOURISTIQUE RÉGIONALE DU SAGUENAY–LAC-ST-JEAN

412 boul. Saguenay Est | bureau 100 | Chicoutimi | Tel. 418 5 43 97 78 | www.saguenaylacsaintjean.ca

TROIS-RIVIÈRES

(146 C5) (⌖ L7) **Die alte Industriestadt (151 000 Ew.) ist ein guter Ausgangspunkt für Ausflüge in das St-Maurice-Tal der Laurentischen Berge.**

Auf dem St-Maurice, der mit drei Flussarmen in den St-Laurent mündet, werden noch immer große Mengen Holz aus dem Hinterland zur Stadt geflößt. In der Altstadt des bereits 1634 gegründeten Trois-Rivières, um den *Rathausplatz* und die *rue des Ursulines,* haben sich zahlreiche Häuser aus dem 18. Jh. erhalten.

Die *Forges-du-St-Maurice (im Sommer tgl. 9.30–17.30 Uhr | 10000 boul. des Forges | Eintritt 3,90 $)* ist ein interessantes Industriemuseum der ältesten Eisenhütte Kanadas, in der über 150 Jahre lang Metallgegenstände hergestellt wurden.

PARC NATIONAL DE LA MAURICIE

(146 C5) (⌖ L6–7)

Der rund eine Autostunde entfernte, 536 km² große Park mit dichten Wäldern und mehr als 150 Seen ist ein guter Tipp für Kanutagestouren, aber auch längere Fahrten. Kanuvermietung an der *Shewenegan Picnic Area (Tel. 819 5 32 12 34 | locationcanot.com).* Das Flusstal des St-Maurice am Ostrand des Parks bietet zahlreiche Hotels, Golfplätze und gute Wandermöglichkeiten.

ONTARIO

Von allen Provinzen entspricht Ontario wohl am ehesten den kanadischen Klischees von malerischen Seenplatten, weiten Farmlandschaften und von Wäldern, die in leuchtenden Herbstfarben lodern.

Es ist ein Ferienland mit historischen Forts an den Kanurouten der Trapper, mit feinsandigen Stränden an den Großen Seen und so berühmten Attraktionen wie den Niagarafällen. In den Metropolen Toronto und Ottawa warten aber auch urbane Genüsse, schräge Szenetypen und exzellente Museen. Mit rund 1 Mio. km² Fläche ist Ontario nach Québec die zweitgrößte Provinz Kanadas. Das Staatsgebiet erstreckt sich über 1730 km von der Hudson Bay im Norden bis zum Ufer des Lake Erie (auf der Höhe von Rom).

Ontario gilt als die reichste Provinz, als wirtschaftlicher Motor des ganzen Lands. Gewaltige Vorkommen von Bodenschätzen liegen im harten Fels des Kanadischen Schilds im hohen Norden. Das milde, sonnige Klima im Süden begünstigt die Landwirtschaft; auf der Niagara-Halbinsel gedeihen Obst und Wein, die großen urbanen Regionen sind Standorte für Industrien.

Ontario ist mit 13,5 Mio. Menschen auch die bevölkerungsreichste Provinz. Mehr als ein Drittel aller Kanadier lebt im Süden Ontarios. Dort liegen die ausufernde Großstadt Toronto und das gepflegte Ottawa. Der weite, nur dünn besiedelte Norden ist nach wie vor die Domäne der Holzfäller und Bergleute, der Jäger und Angler.

Bild: Algonquin Provincial Park

Seen, Felsen, Wälder: Ob Waldeinsamkeit, städtische Superlative oder Kulturgenuss – Ontario lockt mit Vielfalt

ALGONQUIN PROV. PARK

(146 B5) (📖 K7) ⭐ ● Der älteste Naturpark Ontarios ist einer der am besten zugänglichen und schönsten: Über 7700 km² dehnen sich Wälder und Seen, die Heimat von Elchen, Bären und Bibern.

Kurze Lehrpfade erschließen vom Highway 60 aus die typischen Vege- tationszonen im Park. Rund 1600 km Kanuwanderrouten führen ins einsame Hinterland *(Landkarten im Visitor Centre am Hwy. 60)*. Touren organisiert *Algonquin Outfitters (R.R. 1, Oxtongue Lake | Dwight | Tel. 800 4 69 49 48 | www. algonquinoutfitters.com)* sowie Vermietung von Kanus und Ausrüstung. Komfortable, moderne Hütten an einem See westlich des Parks bietet das *Blue Water Acres Resort (40 Blockhütten | Huntsville | Tel. 705 6 35 28 80 | www.bwacres.com | €€–€€€)* – auch im Winter.

KINGSTON

(146 B5) (*[m] L7*) **Die alte Garnisonsstadt (160 000 Ew.), strategisch günstig am Abfluss des St. Lawrence aus dem Lake**

Kingston von seiner schönsten Seite: das Rathaus mit Park am Wasser

Ontario gelegen, hat dank mehrerer Colleges eine jugendliche Bevölkerung. Trotzdem pflegt die 1673 als Pelzhandelsposten gegründete Stadt ihre Geschichte: In *Old Fort Henry*, einer trutzigen Festung

über dem Strom, zeigt ein Militärmuseum die Rolle Kingstons während des Kriegs von 1812. Im Sommer exerzieren täglich um 15 Uhr die Wachen (Studenten des nahen Militärkollegs) in farbenprächtigen Uniformen. Ebenfalls sehenswert ist das *Marine Museum of the Great Lakes* am Hafen mit alten Karten, Schiffsmodellen und einem originalen Eisbrecher. Von Kingston aus sollten Sie den *Highway 2* nehmen, eine 🌟 Panoramastraße, die am St. Lawrence entlang nach Osten durch pittoreske Orte wie *Gananoque* führt.

🌟 Bootstouren ins Insellabyrinth der *Thousand Islands* im St. Lawrence veranstalten *Kingston 1000 Island Cruises (Abfahrt Crawford Dock | Tel. 613 5 49 55 44 | Preis 24,50–68 $ | www.1000 islandscruises.on.ca).*

Auskunft: Kingston Visitors Bureau (209 Ontario St. | Tel. 613 5 48 44 15 | www. kingstoncanada.com).

KITCHENER/ WATERLOO

(146 A6) (*[m] K8*) **Auf der Speisekarte vieler Restaurants stehen Schnitzel und Sauerkraut. Maibaum und Glockenspiel zieren die Hauptstraße, die Metzger und Bäcker auf dem *Farmers' Market* bieten Würste und Schwarzbrot an.**

Kein Zweifel, die geschäftige Doppelstadt (480 000 Ew.) verleugnet ihre Herkunft nicht. Die Region um Kitchener, das bis zum Ersten Weltkrieg noch Berlin hieß, ist das wichtigste Siedlungsgebiet der Deutschen in Kanada. Heute ist Englisch längst die vorherrschende Sprache, doch jeden Herbst erinnern sich die Nachkommen der Einwanderer an ihren urdeutschen Bierdurst und feiern das größte Oktoberfest Nordamerikas.

SEHENSWERTES

JOSEPH-SCHNEIDER-HAUS

Im 1820 erbauten Haus des wohlhabenden Mennoniten Joseph Schneider wird die Lebensweise der *Pennsylvania Dutch*, der deutschen Einwanderer, dokumentiert. *Im Sommer Mo–Sa 10–17, So 13–17 Uhr, im Winter Mo/Di geschl. | 466 Queen St. S | Eintritt 2,25 $*

ÜBERNACHTEN

BENJAMIN'S

Country inn im Zentrum von St. Jacobs mit gutem traditionellen Mennoniten-Restaurant. *9 Zi. | 1430 King St. N | St. Jacobs | Tel. 519 6 64 37 31 | €€*

WALPER TERRACE

Ein erst jüngst stilvoll renoviertes Hotel aus der viktorianischen Ära. *79 Zi. | 1 King St. W | Tel. 519 7 45 43 21 | www.walper.com | €–€€*

ZIEL IN DER UMGEBUNG

INSIDER TIPP ▶ MENNONITE COUNTRY
(146 A5) (*∅ K8*)

Das idyllische, satte Farmland rund um Kitchener ist die Heimat der tief religiösen Mennoniten, die seit 200 Jahren ihre Lebensweise kaum verändert haben. Oft sieht man sie mit ihren altertümlich anmutenden Pferdekutschen am Rand des Highway fahren. Die schönsten Orte: *Elmira*, *Elora* und *St. Jacobs*, wo an der King Street ein ausgezeichnetes *Visitor Centre* die Geschichte der Mennoniten erzählt. Am Highway 86, am Ortsrand von St. Jacobs, findet im Sommer jeweils donnerstags und samstags ein riesiger INSIDER TIPP ▶ *Farmers' Market & Flea Market* statt, auf dem die Bauern ihre Würste, Marmeladen und Kunsthandwerksprodukte anbieten.

MIDLAND

(146 B5) (*∅ K7*) **Der am Südufer der Georgian Bay gelegene Ferienort (16 000 Ew.) ist auch ein Wassersportzentrum für die vielen Sommerurlauber aus Toronto, die hier auf den Inseln Ferienhütten haben.**

Hier, im Stammesgebiet der Huronen, gründeten Jesuiten 1639 eine der ersten Missionen Kanadas. Als 1649 schon acht Missionare am Marterpfahl gestorben waren, gaben sie sie wieder auf.

Eindrucksvoll ist ★ *Saint-Marie among the Hurons (im Sommer tgl. 10–17 Uhr | Hwy. 12 | Eintritt 12 $)*, die Rekonstruktion der großen, palisadenbewehrten Jesuitenmission von 1639 mit Wirtschaftsgebäuden und Werkstätten. Das *Huronia Museum (tgl. 9–17 Uhr, im Winter Sa/*

MARCO POLO HIGHLIGHTS

★ **Algonquin Prov. Park**
Natur pur: unendliche Wälder und Seen → S. 63

★ **Saint-Marie among the Hurons**
Das Leben der Indianer und Missionare im 17. Jh. → S. 65

★ **Niagara Falls**
Legendäres Naturwunder: laut und feucht → S. 66

★ **Canadian Museum of Civilization**
Schätze aus allen Regionen Kanadas → S. 69

★ **CN-Tower**
Spektakulärer Blick von einem der höchsten Türme der Welt → S. 76

Die „Maid of the Mist" fährt mitten hinein ins donnernde Getöse der Niagara Falls

So geschl. | Little Lake Park | Eintritt 10 $) beherbergt ethnologische und archäologische Sammlungen zur Geschichte der Huronen inklusive eines nachgebauten indianischen Dorfs auf dem Freigelände.

ZIELE IN DER UMGEBUNG

GEORGIAN BAY ISLANDS NATIONAL PARK (146 B5) (*ω K7*)

Die wildromantische Inselgruppe im Südosten der Georgian Bay (rund 50 km von Midland entfernt) wurde durch die Gemälde kanadischer Künstler der *Group of Seven* berühmt. Bootstouren und Wassertaxis ab *Honey Harbour (Hwy. 5)* und Midland zu den einzelnen Inseln.

WASAGA BEACH (146 B5) (*ω K7*)

Ein sehr populärer Ferienort, 50 km südwestlich von Midland, mit einem 14 km langen Sandstrand an der Georgian Bay. Großer Strandtrubel mit Wasserparks und Minigolfplätzen.

NIAGARA FALLS

(146 B6) (*ω K8*) ★ ● Die „schönsten Wasserfälle der Welt", „kitschiges Spektakel", „Magnet für Flitterwöchner und tollkühne Teufelskerle" – die Fälle am Niagara River, der Lake Erie und Lake Ontario verbindet, wurden schon mit vielen Namen belegt.

Seit der Jesuitenmissionar Louis Hennepin 1678 als erster Weißer die Fälle sah, hat sich vieles geändert. Zwei Städte mit dem Namen *Niagara Falls* liegen heute zu beiden Seiten des Flusses, der hier die

ONTARIO

Grenze zwischen Kanada und den USA bildet. In der Mitte tosen die Wasserfälle, umgeben von Gartenanlagen, geschützt als Naturpark. Ringsum ein touristischer Rummel mit unzähligen Attraktionen, darunter empfehlenswert die *Niagara Gallery,* die sich den todesmutigen Abenteurern widmet, die sich in Fässern über die Fälle gestürzt haben, und das spannende *Imax-Kino,* in dem Sie filmisch mitreißend selbst hinabstürzen.

Wenn Ihnen dann nach Flucht zumute ist, machen Sie am besten eine Fahrt entlang des ☙ **INSIDER TIPP** *Niagara Parkway,* der parallel zur Schlucht durch Grünanlagen und an den *Botanical Gardens* vorbei bis zum Lake Ontario führt.

SEHENSWERTES

HORSESHOE FALLS/AMERICAN FALLS

Die 54 m hohen kanadischen *Horseshoe Falls* sind wesentlich beeindruckender als die 56 m hohen und 323 m breiten *American Falls,* da sie sich in weitem Bogen gut 670 m im Halbrund spannen. Die schönsten Aussichtspunkte liegen auf kanadischem Ufer am ☙ *Table Rock House* und auf der amerikanischen Seite auf ☙ *Luna Island.* Abends werden die Fälle farbig angestrahlt – und sprudeln dann etwas weniger, denn nachts wird ein größerer Teil des Wassers zur Stromgewinnung umgeleitet.

JOURNEY BEHIND THE FALLS/ TABLE ROCK ☙

Ein Aufzug geht hinab zu einem Tunnel mit Luken und einer Aussichtsplattform unterhalb der Fallkante, wo Sie mitten in der Gischt stehen. *Im Sommer 9–20.30, Sa bis 21 Uhr | Eintritt 15,95 $*

MAID OF THE MIST

Die Bootstouren an den Fuß der donnernden Wassermassen sind ein feuchtes, aber grandioses Erlebnis, das Sie nicht verpassen sollten. *Im Sommer tgl. ab 9 Uhr, sonst ab 9.45 Uhr | Abfahrt am Anfang der Clifton Hill St. | Fahrpreis 19,75 $ | www.maidofthemist.com*

ESSEN & TRINKEN

SKYLON DINING ROOM ☙

235 m hohes Drehrestaurant mit Panoramablick. *Tel. 905 3 56 26 51 | €€*

LOW BUDGET

▶ *T.O. Tix* in Toronto verkauft Restkarten zum halben Preis oder zumindest deutlich vergünstigt für Theater, Konzert und Musical am selben Abend. *HipTix* für alle Studenten unter 29 Jahren kosten sogar nur 5 $ pro Karte. *Kiosk auf der Außenseite des Eaton Centre, Ecke Yonge/Dundas St. | Di–Sa 12–18.30 Uhr | www.totix.ca*

▶ Mit Torontos *Citypass* gibt's die fünf beliebtesten Attraktionen für 66 $ (darunter CN-Tower, Ontario Science Centre, Royal Ontario Museum) – ein Preisvorteil von 40 Prozent.

▶ Vom billigen T-Shirt bis zur Digitalkamera: Bei *Honest Ed's (581 Bloor St. W | Toronto),* dem größten, einen ganzen Straßenzug einnehmenden Discounter Kanadas, finden Sie über 10 000 Artikel im Sonderangebot.

▶ Fotografie, Kunst, Totempfähle: Mit dem *Canada's Capital Museum Passport* kann man für 35 $ eine Woche lang alle großen nationalen Museen in Kanadas Hauptstadt besuchen. *www.museumspassport.ca*

WINDOWS ♻

Elegantes Dinnerlokal im Sheraton mit feiner neukanadischer Küche, die Zutaten stammen überwiegend von Biofarmern der Region. Blick auf die Fälle. *5875 Falls Ave. | Tel. 866 3 74 44 08 | €€€*

CARRIAGE HOUSE

Solides Motel etwas außerhalb. *120 Zi. | 8004 Lundy's Lane | Tel. 905 3 56 77 99 | www.chfalls.com | €*

CROWNE PLAZA ☼

Hier schlief schon Marilyn Monroe bei der Dreharbeiten zu „Niagara". *234 Zi. | 5685 Falls Ave. | Tel. 905 3 74 44 47 | www. niagarafallshotels.com | €€*

COMFORT INN

Nahe den Fällen und mitten im Rummel. *185 Zi. | 4960 Clifton Hill | Tel. 905 3 58 32 93 | www.niagarafallscomfort. com | €€*

NIAGARA FALLS VISITOR BUREAU

Infobüro im Table Rock House direkt an den Horseshoe Falls und 5535 Stanley Ave. | Tel. 905 3 56 60 61 | www.niagara fallstourism.com, www.niagaraparks.com

INSIDER TIPP ▸ NIAGARA-ON-THE-LAKE

(146 B6) (*Ø K8*)

Schon der rund 20 km lange Weg über den ☼ *Niagara Parkway* lohnt sich. Das Städtchen selbst, im Weinland an der Mündung des Niagara River in den Lake Ontario gelegen, entzückt mit historischen Backsteinhäusern und viktorianischen Fassaden aus dem 19. Jh. sowie guten ● Weinverkostungen in entspann-ter Atmosphäre. Das den Sommer über hier stattfindende *Shaw-Festival* wird weithin gerühmt. Ein Übernachtungstipp ist das gepflegte *Cape House B & B (3 Zi. | 1895 Lakeshore Rd. | Tel. 905 4 68 83 80 | www.capehousebb.com | €€)*.

ST. CATHARINES (146 B6) (*ØK8*)

Die rund 25 km entfernte Stadt liegt im Zentrum einer Obstbauregion. Wein und Erdbeeren gedeihen im milden Klima der Niagara-Halbinsel ebenso wie hochwertiges Gemüse. Mit zahlreichen Festen im Frühjahr und Herbst feiert die Stadt die landwirtschaftliche Fülle ihrer Umgebung. An Schleuse Nr. 3 des Wellandkanals können Sie den regen Schiffsverkehr auf dem St. Lawrence Seaway beobachten *(Visitor Centre)*.

OTTAWA

(146 B5) (*Ø L7*) **Von Diplomaten wird die Hauptstadt Kanadas (1,2 Mio. Ew.) am Ottawa River gerühmt: Die Stadt hat Lebensart und -qualität.**

Zwar ist es die – der Temperatur nach – kälteste Hauptstadt der westlichen Welt,

---

CITY ▸ **WOHIN ZUERST?**

Um 10 Uhr morgens ist Wachwechsel vor dem **Parlament**. Ein zentraler Ausgangspunkt für weitere Attraktionen: Rideau Canal, Château Laurier und Nepean Point mit einen Traumblick über die City und den Ottawa River sind nur wenige Minuten zu Fuß entfernt. Nahe liegen die National Art Gallery und dahinter das quirlige Altstadtviertel um den Byward Market. Parken: an der York Street oder im Parkhaus George St./Byward Market. Bus 1, 2, 7, 9, 12.

aber auch eine der saubersten. Es gibt keine luftverschmutzenden Industrien – die Arbeit Ottawas ist allein das Regieren der Nation. Britische Traditionen wie der zeremonielle Wachwechsel der Garde vor dem Parlament werden als beliebte Touristenspektakel beibehalten. Doch sonst hat die leichtere französische Lebensart, die aus Québec über den Ottawa River

SEHENSWERTES

INSIDER TIPP ▶ BYWARD MARKET

Zwischen Marktständen, Cafés und Szenebars lässt sich im Viertel um den bereits 1826 gegründeten Markt das Lebensgefühl der City wunderbar erleben. *George St./Byward Market Square | www. byward-market.com*

Das Museum of Civilization besitzt fast vier Millionen Exponate zur Geschichte Kanadas

schwappt, die einst steif-langweilige Hauptstadt in eine weitläufige, ungemein lebensfrohe Metropole verwandelt. Vor allem an Kultureinrichtungen mangelt es nicht: Vom kanadischen *Skimuseum,* einem *Münzmuseum,* einem *Briefmarkenmuseum* bis zum vielseitigen *National Arts Centre* ist alles Erdenkliche zu bestaunen. Erholen können Sie sich danach in den Cafés um den *Byward Market* in der Altstadt oder in einem der zahlreichen Parks am *Rideau Canal,* der sich wie eine blumenumkränzte Gracht mitten durch die Innenstadt zieht.

CANADIAN MUSEUM OF CIVILIZATION ⭐

Spektakuläre Architektur von Douglas Cardinal am Nordufer des Ottawa River. Es ist das meistbesuchte Museum Kanadas und beherbergt ausgezeichnete und didaktisch gut präsentierte Sammlungen zu den Indianer- und Inuitkulturen Kanadas, zeigt Ausstellungen zur Pioniergeschichte und besitzt sogar ein eigenes Kindermuseum. *Tgl. 9–18, Do–20, im Winter bis 17, Sa/So 9.30–17 Uhr | Gatineau/Hull | 100 Laurier St. | Eintritt 12 $ | www.civilization.ca*

NATIONAL GALLERY OF CANADA

Die beste Sammlung kanadischer Kunst im ganzen Land in einem sehenswerten Museumsbau von Moshe Safdie. *380 Sussex Dr. | tgl. 10–17, Do–20, im Winter Mo geschl. | Eintritt 9 $ | www.gallery.ca*

PARLIAMENT HILL

Auf einer Klippe am Südufer des Ottawa River thront das Parlament Kanadas. Der prächtige Bau wurde 1859 begonnen,

ESSEN & TRINKEN

BEAVERTAILS PASTRY

Schmalzgebäck, eine Spezialität Ottawas, direkt vom Bäckerstand am Byward Market. Probieren Sie *Killaloe Sunrise* – mit Zitrone. *Ecke York/William St. | €*

BOWICH 😊

Alles bio und vieles auch vegan in diesem kleinen Lokal: Suppen, sehr le-

Parliament Hill, Ottawas Machtzentrum, beeindruckt durch neogotische Backsteinarchitektur

nur zwei Jahre nachdem Königin Victoria das abgelegene Holzfällercamp Bytown zur neuen Hauptstadt Kanadas erklärt hatte – und damit alle Hoffnungen Montréals und Torontos zerstörte. Den besten Blick haben Sie vom ❄ **INSIDER TIPP** *Nepean Point,* wo Samuel de Champlain über den Ottawa River schaut, den er 1613 als erster Weißer befuhr. *Kostenlose Führungen | im Sommer tgl. 10 Uhr zeremonieller Wachwechsel, abends Son-et-Lumière-Shows*

ckere Sandwiches. Nur werktags 11–19 Uhr. *155 Bank St. | Tel. 613 6 95 88 28 | €*

BLUE CACTUS GRILL

Trendlokal mit Texmex-Küche und Bar. *2 Byward Market | Tel. 613 2 41 70 61 | €–€€*

LE CAFÉ ❄

Terrasse mit schönem Blick auf den Rideau Canal im National Arts Center. *Confederation Square | Tel. 613 5 94 51 27 | €€–€€€*

EINKAUFEN

Das schönste Shoppingviertel ist die Altstadt um den *Byward Market* mit Spezi-
alitätenläden und Kunstgalerien. Beliebt
ist auch das *Rideau Centre* an der Ecke
Rideau Street/Colonel By Drive. In der
Fußgängerzone *Sparks Street* finden Sie
Galerien und zahlreiche Boutiquen.

TOUREN

☼ Sightseeingfahrten auf dem Ottawa
River und dem Rideau Canal veranstal-
tet *Paul's Boat Lines (Abfahrt an der Gati-
neau Marina und hinter dem Conference
Center | Tel. 613 2 25 67 81).*

AM ABEND

Theater, Ballett und Konzerte können Sie
im *National Arts Centre* erleben *(Infos un-
ter Tel. 613 9 47 70 00 | www.nac-cna.ca).*
Treffpunkt der Szene sind die Clubs um
den Byward Market – teils sogar mit Livemusik wie das *Rainbow Bistro (76 Murray
St.),* der *Country-Tanzclub Great Canadian
Cabin (95 York St.)* oder der junge Szene-
treff *Pub 101 (101 York St.)* am Byward
Market.

ÜBERNACHTEN

AUBERGE MCGEE'S

Kleine Pension nahe Byward Market.
*12 Zi. | 185 Daly Ave. | Tel. 613 2 37 60 89 |
www.mcgeesinn.com | €€*

FAIRMONT CHÂTEAU LAURIER

Gediegener Luxus mit Blick aufs Par-
lament. *429 Zi. | 1 Rideau St. | Tel. 613
2 41 14 14 | www.fairmont.com | €€–€€€*

AUSKUNFT

OTTAWA TOURISM

*Infobüro in der World Exchange Plaza |
111 Albert St. | Tel. 613 2 39 50 00 | www.
ottawatourism.ca*

ZIELE IN DER UMGEBUNG

MORRISBURG (146 B5) (ഥ L7)

Vor gut 50 Jahren musste die komplette Stadt (1500 Ew.), knapp eine Stunde
Fahrt südlich von Ottawa, beim Bau des
St. Lawrence Seaway in eine höhere Lage
ziehen. Die Häuser der britischen Loyalis-
ten aus dem frühen 19. Jh. wurden erhalten, restauriert und bilden nun das *Upper
Canada Village (im Sommer tgl. 9.30–17*

EISWEIN

Mehr als 60 Winzerbetriebe sind in den
letzten Jahren auf der Niagara-Halbinsel
aus dem Boden geschossen. Cabernet
Franc und Pinot Noir, Riesling, Char-
donnay und Sauvignon Blanc gedeihen
hier im wärmsten Klima Kanadas ganz
ausgezeichnet – und liefern einen ganz
besonderen Wein. Im Herbst kommen
nämlich oft über Nacht eisige Tempera-
turen – ideal für den Eiswein. Die Wein-
industrie ist noch jung im Pionier- und
Bierland Kanada, so müssen die Kunden
erst einmal angelernt werden. Deshalb
findet man nun überall *tasting rooms,*
Probierstuben. Einen Besuch lohnen
z. B. in ● Niagara-on-the-Lake die *Reif
Winery (15608 Niagara Parkway)* einer
Winzerfamilie aus dem Rheingau und
auch die hochmoderne *Jackson-Triggs
Niagara Estate Winery (2145 Hwy. 55).*

POINT PELEE NAT. PARK

(146 A6) *(🗺 K8)* **Der südlichste Punkt Kanadas ist der beste Platz zur Beobachtung von Vögeln.**

Auf der 20 km langen Sandbank im Lake Erie, deren Strände im Sommer ein beliebtes Badeziel der Kanadier sind, sammeln sich im Mai und September Zehntausende von Zugvögeln. Ein großartiges Naturschauspiel sind die **INSIDER TIPP** Schwärme von Monarchschmetterlingen, die hier etwa Mitte September ihren 3000 km langen Flug nach Mexiko antreten.

SAULT SAINTE MARIE

(146 A5) *(🗺 J7)* **An der Engstelle zwischen Lake Superior und Lake Huron liegt die Industrie- und Hafenstadt Sault Sainte Marie (80 000 Ew.).**

Die mächtigen Stromschnellen, an denen Jesuiten bereits 1669 eine Indianermission bauten, umgeht der heutige St. Lawrence Seaway in eindrucksvollen *Schleusenanlagen (Bootsfahrten vom Dock am Foster Drive aus)*. Außerdem sehenswert ist das *Canadian Bushplane Heritage Centre (50 Pim St.)*, das die spannende Geschichte der Buschfliegerei im Norden Kanadas erzählt.

„The Soo", wie die Bewohner ihre Stadt nennen, ist ein guter Startpunkt für Touren an die felsige Küste des Lake Superior oder zu den fischreichen Seen im Hinterland. 🍃 Ganztägige Bahnexkursionen mit der *Algoma Central Railway (129 Bay St. | Tel. 705 9 46 73 00 | www.agawacanyontourtrain.com)* zum *Agawa*

Vogelbeobachtung per Kanu: Point Pelee National Park

Uhr | Hwy. 2 | Eintritt 15 $), eines der schönsten Freiluftmuseen im Land, wo kostümierte Schauspieler die Pionierzeit nachstellen. Nordöstlich davon führt die Panoramastraße 🍃 *Long Sault Parkway* vorbei an schönen Badeplätzchen über elf Inseln im St. Lawrence.

PARC DE LA GATINEAU

(146 B5) *(🗺 L7)*

15 Minuten Fahrt vom Zentrum entfernt beginnen Radwege und Panoramastraßen, die den rund 3,5 km² großen Park am Nordufer des Ottawa River durchziehen. Die 🍃 Aussichtspunkte über das *Ottawa Valley* sind besonders schön während der Blätterfärbung.

Canyon sind besonders schön während der Laubfärbung.

SUDBURY

(146 B5) (🗺 K7) **Im Sudbury Basin, das vermutlich durch einen Meteoriteneinschlag geformt wurde, finden sich die weltweit größten Nickellagerstätten, darüber hinaus aber auch Vorkommen von Kupfer, Eisenerz, Silber und Kobalt.** So entwickelte sich Sudbury zur wichtigsten Bergwerksstadt (160 000 Ew.) Nordontarios. In der *Big Nickel Mine,* die zum Museumskomplex *Science North* gehört, können Sie die Abbautechniken studieren.

INSIDER TIPP Ein beliebtes Revier für Kanufahrer ist der *Killarney Provincial Park* am Ufer der Georgian Bay südlich der Stadt *(Kanuverleih am Parkeingang).*

ZIEL IN DER UMGEBUNG

MANITOULIN ISLAND (146 B5) (🗺 K7)
Gut eine Stunde Fahrt südlich von Sudbury beginnt Indianerland: Fünf Reservate liegen auf der 176 km langen Insel im *Lake Huron,* der weltgrößten Insel in einem Süßwassersee. In den Orten kann man geflochtene Körbe aus Gras oder Stachelschweinborsten und anderes Kunsthandwerk der Ojibwa erwerben. Anfang August findet hier ein *powwow,* ein großes indianisches Tanzfest statt. Weitere Infos unter: *www.circletrail.com*

THUNDER BAY

(145 D5) (🗺 J7) **Die Stadt (125 000 Ew.) am Nordwestufer des Lake Superior liegt im Herzen des Kontinents – und** **besitzt dennoch den drittgrößten Hafen von ganz Kanada.**
Über den St. Lawrence Seaway wird von hier Getreide aus den Prärien zum 3700 km entfernten Atlantik verschifft. Seit in den letzten Jahren allerdings der Weizen vor allem über den Pazifik verschifft wird, stehen nun viele der riesigen Getreidesilos im Hafen leer.
Im *Centennial Park* am Current River locken mehr als 30 km Wander- und Fahrradwege sowie Ausstellungen über die Holzfällerei.
Im rekonstruierten *Old Fort William (im Sommer tgl. 10–17 Uhr | Broadway Ave. | Eintritt 14 $)* können Sie das Leben der Indianer und Trapper hautnah nacherleben.
Auskunft: *North of Superior Tourism | Visitor Centre am Hwy. 11 | Info für die gesamte Region unter Tel. 800 2 65 39 51 | www.nosta.on.ca*

TORONTO

KARTE AUF SEITE 75
(146 B5–6) (🗺 K7) **Die Einwanderer haben Toronto gerettet. Noch vor 50 Jahren galt die Hauptstadt Ontarios als verschlafene und langweilige Provinzstadt – durch und durch weiß, angelsächsisch und protestantisch.**
Die Einwanderungswellen nach dem Zweiten Weltkrieg ließen die Bevölkerung auf heute rund 5,5 Mio. anschwellen, und Toronto verwandelte sich in eine moderne, lebenslustige Weltstadt. Im Zentrum drängen sich die spiegelnden Glastürme der Hochfinanz und der international tätigen Firmen. Ringsum dehnt sich ein Mosaik aus zahllosen ethnischen Vierteln, dessen bunte Mixtur sich in Chinatown, auf den portugiesischen Märkten, in den griechischen Tavernen und karibischen Clubs besonders farbig zeigt.

TORONTO

CITY **WOHIN ZUERST?**
Zentraler Startpunkt ist die **City Hall**, das Rathaus. Westlich davon liegen die quirlig bunte Queen Street West, Chinatown und die Art Gallery of Ontario. Nach Süden sind es nur wenige Minuten durch das Finanzviertel an der Bay Street zum Hockey Museum (Brookfield Place) und zum St. Lawrence Market. Direkt westlich davon: der CN-Tower. Der Tipp fürs Shopping: direkt neben der City Hall das riesige Eaton Centre, wo Sie auch ein großes Parkhaus finden. Nahe U-Bahn-Stationen sind Queen oder Osgoode.

Toronto wird seinem indianischen Namen „Sammelplatz" gerecht, denn nur 30 Prozent der Einwohner sind noch angelsächsischer Herkunft. Ein Überbleibsel aus braven Provinzzeiten blieb der Stadt allerdings: Toronto ist im Vergleich zu den großen amerikanischen Städten verblüffend sauber und sicher. Jährli-

che Untersuchungen ergeben, dass hier meist die beste Luftqualität unter den 200 größten Städten der Welt herrscht. Toronto ist heute der wirtschaftliche und kulturelle Nabel des gesamten Lands. Gut 20 Prozent aller Waren, die in Kanada hergestellt werden, kommen von hier. Die Stadt besitzt den wichtigsten kanadischen Hafen an den Großen Seen, und sie ist das Zentrum der größten Industrieregion im Land, des *Golden Triangle (Goldenes Dreieck),* das sich am Ufer des Lake Ontario von Oshawa bis Hamilton zieht. Aber es gibt hier auch mehr Theater und Buchverlage als in jeder anderen Stadt Kanadas. Nationalballett und -oper sowie das *Toronto Symphony Orchestra* sind hier zu Hause.

SEHENSWERTES

ART GALLERY OF ONTARIO
Das wohl beste Kunstmuseum Kanadas wurde 2008 durch einen Anbau von Frank Gehry erweitert. Unbedingt sehenswert: die 900 Werke umfassende Sammlung des *Henry Moore Sculpture*

Die hochkarätig bestückte Art Gallery of Ontario besitzt allein 900 Werke von Henry Moore

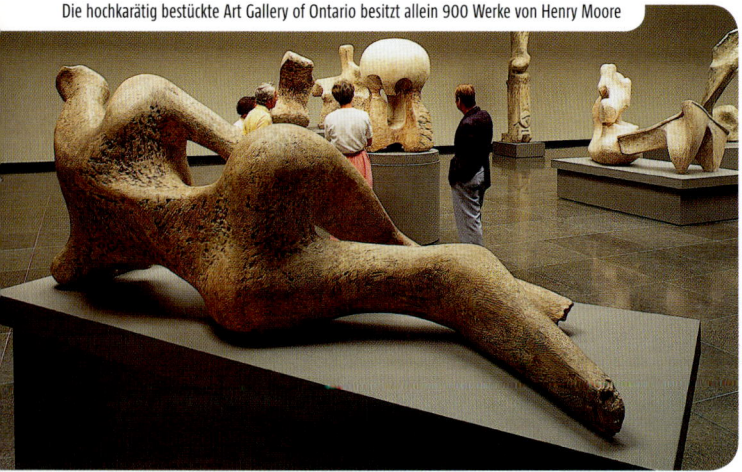

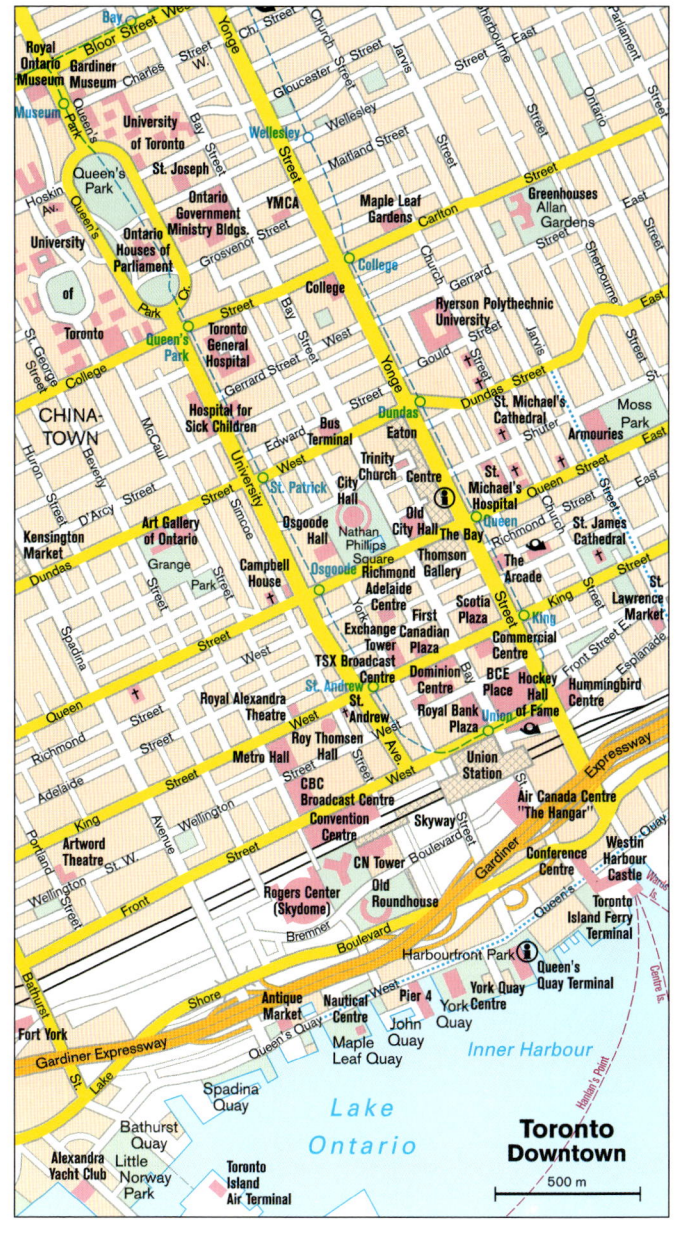

Toronto
Downtown

500 m

Centre. Di–So 10–17.30, Mi bis 20.30 Uhr | 317 Dundas St. W | Eintritt 19,50 $ | www.ago.net

BAY STREET

Dies ist die „Wall Street Kanadas" mit Bürotürmen der Banken und ultramodernen Bauten der großen Unternehmen wie dem vom spanischen Architekten Santiago Calatrava entworfenen *Brookfield Place.* Die luftige Innenhalle mutet fast wie eine Kathedrale an. Die *Royal Bank* an der Ecke Wellington Street zeigt ihren Reichtum offen: In die spiegelnden Fenster des verglasten Büroturms sind 2500 Unzen Gold eingeschmolzen.

CHINATOWN

Im Viertel um die Kreuzung von Dundas und Spadina Avenue finden Sie die besten Chinalokale und exotischen Läden.

CN-TOWER ⭐ ☀

Mehr als 100 km weit reicht der Blick vom höchsten Turm Kanadas (553,33 m).

Lange war er der höchste der Welt, doch nun sind sogar mehrere andere Türme wie etwa in Dubai und Tokio höher. Die oberste Aussichtsplattform liegt auf 447 m Höhe. Drehrestaurant, Freiluftterrasse und ein schwindelnder Blick durch einen Glasboden warten auf 342 m. Neueste Attraktion aber ist der **INSIDER TIPP** *Edge Walk*: In 356 m Höhe kann man auf einem nur 1,5 m breiten Sims freihändig um den Turm gehen – angeseilt natürlich. Garantiert ein einmaliges Erlebnis. Im Fuß des Turms finden Sie zudem einen Flugsimulator. *Im Sommer tgl. 9–22, Fr/Sa bis 22.30 Uhr | 301 Front St. W | Eintritt 24–36 $, Edge Walk 175 $ | www.cntower.ca*

FORT YORK

In den Blockhütten des 1793 errichteten Palisadenforts erläutern Soldaten in Originaluniform die Lebensweise in der früheren Garnison. *Tgl. 10–17, im Winter 10–16, Sa/So bis 17 Uhr | Garrison Rd. | Eintritt 9 $*

Wie in einer anderen Welt: In Chinatown wimmelt es von fernöstlichen Händlern und Lokalen

HARBOURFRONT

Die alten Piers am Ufer des Lake Ontario haben nach Jahren des Verfalls wieder neues Leben bekommen: Yachthäfen, Galerien und Restaurants locken. Und am Wochenende drängelt sich zwischen dem Shoppingcenter *Queen's Quay Terminal* und *Pier 4* halb Toronto. Unbedingt sehenswert: das **INSIDER TIPP** *York Quay Centre* mit guten Ausstellungen und Künstlerateliers.

INSIDER TIPP HOCKEY HALL OF FAME

Die Ruhmeshalle des eisigen Sports: Ausstellungen über die Eislegende Wayne Gretzky, Uniformen aus aller Welt, Filme etc. Auch der legendäre *Stanley Cup* ist hier zu bewundern. *Mo–Sa 9.30–18, So 10–18, im Winter Mo–Fr 10–17, Sa 9.30–18, So 10.30–17 Uhr | Brookfield Place | 30 Yonge St. | Eintritt 17,50 $ | www.hhof.com*

NATHAN PHILLIPS SQUARE

Der mit plätschernden Brunnen verschönerte Platz vor dem Rathaus ist Fokuspunkt der City. Nicht zu verkennen sind die beiden halbrunden Türme der *New City Hall,* 1965 vom Finnen Viljo Revell erbaut. Auf der Ostseite grenzen die *Old City Hall* von 1899 und die schicke Einkaufsmall *Eaton Centre* an. Vor dem Platz verläuft die **INSIDER TIPP** *Queen Street,* die westlich des Rathauses beliebter Treff der jungen Szene Torontos mit vielen Läden, Clubs und Lokalen ist.

ONTARIO SCIENCE CENTRE ●

Großes Technikmuseum mit verblüffenden Experimenten zum Ausprobieren. *Tgl. 10–16, Sa/So bis 17 Uhr | 770 Don Mills Rd. | North York | Eintritt 20 $ | www.ontariosciencecentre.ca*

ROYAL ONTARIO MUSEUM

Stararchitekt Daniel Libeskind hat 2007 Kanadas größtem Museum einen Kris-

Überwältigend ist der Panoramablick vom bleistiftspitzen CN-Tower

tall aus Glas aufgesetzt – spektakulär. Drinnen warten asiatische Kunst, Dinosaurierskelette und ägyptische Mumien. Große Sonderausstellungen. Angeschlossen ist das *George R. Gardiner Museum of Ceramic Art. Tgl. 10–17.30, Fr bis 18.30 Uhr | 100 Queen's Park Crescent W | Eintritt 15 $ | www.rom.on.ca*

TORONTO ISLANDS

Schöne Parks und Strände verlocken zum Ausflug auf die kleine Inselgruppe im Lake Ontario, etwa 3 km vom Hafen entfernt. *Fährverbindung vom Fuß der Bay St.*

Segel einholen und genießen: Yachthafen mit gutem Blick auf die Skyline Torontos

ESSEN & TRINKEN

ALICE FAZOOLI'S
Trendlokal mit italienischer Küche, Bar und Livemusik. *294 Adelaide St.* | *Tel. 416 9 79 19 10* | €€

FRESSEN ⊘
Kreative vegane Küche in einem trendigen Dinnerlokal. *478 Queen St. W* | *Tel. 416 5 04 51 27* | €–€€

LEE GARDEN RESTAURANT
Kantonesische Küche mitten in Chinatown; sehr gut und immer voll. *331 Spadina Ave.* | *Tel. 416 5 93 95 24* | €

REDS
Schickes modernes Bistro im Entertainmentviertel; tolle Weine. *77 Adelaide St.* | *Tel. 416 8 62 73 37* | €–€€

RODNEY'S OYSTER HOUSE
Ein uriges Kellergewölbe mit Fischmarkt und lebhaftem Restaurant. Spezialität sind Austern und Hummer. Terrasse im Hof. *469 King Street W* | *Tel. 416 3 63 81 05* | €€

WAYNE GRETZKY'S
Deftige Kost im Lokal von Kanadas berühmtestem Eishockeyspieler. Mit Dachterrasse. *99 Blue Jays Way* | *Tel. 416 9 79 78 25* | €€

EINKAUFEN

Kaum ein Wunsch bleibt in den über 1000 Läden der *Underground City* südlich des Nathan Phillips Square unerfüllt. Die schönste Einkaufspassage ist das *Eaton Centre* mit zwei Kaufhäusern, über 300 Läden. Mode finden Sie vor allem in der *Bloor Street,* besonders Exklusives im Trendviertel *Yorkville.*

KENSINGTON MARKET
Eigentlich kein Markt, sondern ein Viertel voller gemütlicher *coffee shops,* kleiner exotischer Lokale, Boutiquen und Obst-

märkten auch mit vielen Bioprodukten. *Kensington Ave., zwischen Dundas und Baldwin St.*

QUEEN'S QUAY TERMINAL
Schickes Einkaufszentrum am Hafen mit über 100 Boutiquen und Restaurants. *207 Queen's Quay W*

ST. LAWRENCE MARKET
Großer Samstagsmarkt der Bauern aus dem Umland. Die Metzger und Bäckereien im Hauptgebäude sind auch werktags geöffnet. Beliebter traditioneller Snack ist *bacon on a bun,* mit Ahornsirup verfeinerter Schinken auf einem Brötchen. *Front St./Jarvis St.*

AM ABEND

Das schicke *Yorkville*, die *King Street* sowie die **INSIDER TIPP** *Queen Street* westlich der City Hall und das östlich gelegene *Beaches-Viertel* sind die beliebtesten Reviere für Bargänger und Musikfans. Zum Sportgucken beim Bier trifft man sich in der riesigen Sportsbar *Real Sports (15 York St.).* Gute Rockbands sind in der *Horseshoe Tavern (370 Queen St. W)* zu hören. Wer in den zahlreichen Jazzclubs auftritt, erfahren Sie unter *www. torontojazz.com.*

Klassische Konzerte, aber auch das *Toronto Film Festival* finden in der *Roy Thompson Hall (Tel. 416 8 72 42 55)* statt, Oper und Ballett im *Four Seasons Centre (145 Queen St. W | Tel. 416 3 63 82 31).* Im herrlich restaurierten *Royal Alexandra Theatre (260 King St. | Tel. 416 8 72 12 12)* laufen meist große Broadwaymusicals.

ÜBERNACHTEN

BOND PLACE
Stylisch renoviertes Hotel – schön zentral nahe dem Eaton Centre. *287 Zi. |* *65 Dundas St. E | Tel. 416 3 62 60 61 | www. bondplace.ca | €€*

THE DRAKE
Eklektisches, ultrastylisches Avantgardehotel mit Nachtclub und Sushibar. *19 Zi. | 1150 Queen St. W | Tel. 416 5 31 50 42 | www.thedrakehotel.ca | €€€*

FAIRMONT ROYAL YORK
Prunkvolles, historisches Schlosshotel im Zentrum. *1365 Zi. | 100 Front St. W | Tel. 416 3 68 25 11 | www.fairmont.com | €€€*

HOTEL LE GERMAIN
Cooles Designerhotel im Entertainmentviertel. *122 Zi. | 30 Mercer St. | Tel. 416 3 45 95 00 | www.germaintoronto.com | €€€*

TORONTO BED & BREAKFAST
Verlässliche Agentur für Privatquartiere. *253 College St. | Tel. 705 7 38 94 49 | www. torontobandb.com | €–€€*

AUSKUNFT

TORONTO VISITORS ASSOCIATION
Im Queen's Quay Terminal | 207 Queen's Quay W | Tel. 416 2 03 25 00 | www. seetorontonow.com

ZIEL IN DER UMGEBUNG

MCMICHAEL CANADIAN ART COLLECTION (146 B5) (*⌀ K8*)
Das Kunstmuseum in einem großen Park bei *Kleinburg,* ca. 40 km nördlich von Toronto, besitzt eine gute Sammlung kanadischer Gemälde und Kunst der Ureinwohner. Besonderen Raum nehmen die **INSIDER TIPP** berühmten Landschaftsgemälde der *Group of Seven* ein, einer um 1920 tätigen kanadischen Künstlergruppe. *Tgl. 10–16, im Sommer bis 17 Uhr | Eintritt 15 $ | www.mcmichael.com*

DIE PRÄRIEN

Das Klischee vom Brotkorb Kanadas kommt nicht von ungefähr. Bei der Fahrt auf dem Trans-Canada Highway durch Manitoba und Saskatchewan scheinen wogende Weizenfelder nicht enden zu wollen.

Rund drei Viertel der landwirtschaftlichen Nutzfläche Kanadas liegen in den fruchtbaren Ebenen, die sich von den Wäldern Ontarios bis zu den Rocky Mountains dehnen. Abgesehen von Winnipeg finden Sie hier nur kleinere Farmerstädtchen, manchmal noch überragt von alten Kornspeichern, die oft nostalgisch „Kathedralen der Prärien" genannt werden. Doch ihre Bewohner sind gastfreundlich und feiern fast an jedem Sommerwochenende Jahrmärkte oder Pionierfeste.

Der kaum erschlossene, waldreiche Norden – das einstige Reich der Pelzhändler der Hudson's Bay Company – ist heute ein Dorado für Kanuwanderer und Hobbyangler. Die Fremdenverkehrsämter helfen Ihnen gern mit Tipps für Angelcamps und Kanutouren weiter.

CHURCHILL

(145 D3) (*∅ H5*) ★ **Im Oktober ist Hochsaison in der nur per Bahn oder Flugzeug erreichbaren Hafenstadt (1100 Ew.) an der Hudson Bay.**
Dann sammeln sich an der Mündung des Churchill River die Eisbären, warten auf das Zufrieren der Bucht – und streunen durch den Ort! Auf Fotosafaris mit Spe-

Brot und Spiele: Im Süden goldgelbe Weizenfelder, doch der grüne Norden gehört den Kanufahrern und Anglern

zialfahrzeugen können Sie den Königen der Arktis nachspüren. Im Sommer sind in der Flussmündung schneeweiße Belugawale zu beobachten – und über 200 Vogelarten.

ÜBERNACHTEN

CHURCHILL WILD 🌱
Das Paradies für Naturfreunde: Drei Wildnislodges mit nur acht bis zwölf Zimmern und viel Ökoanspruch. Sie befinen sich weit abgelegen an der Küste der

Hudson Bay und sind nur per Buschflugzeug zu erreichen. Je nach Saison werden Eisbären mit Jungen, Wale, Wölfe und Vögel beobachtet. *Tel. 204 3 77 50 90 | www.churchillwild.com | €€€*

TUNDRA INN
Ein gutes kleines Mittelklassehotel mit eigenem Restaurant. Angeschlossen ist auch ein Backpacker-Hostel mit fünf Zimmern (*€*). *31 Zi. | 34 Franklin St. | Tel. 204 6 75 88 31 | www.tundrainn.com | €€, Okt./Nov. €€€*

TOUREN

FRONTIERS NORTH ●

Organisierte Touren je nach Jahreszeit zu Eisbären, seltenen Vögeln und Walen. *124 Kelsey Blvd. | Winnipeg | Tel. 204 9 49 20 50 | www.frontiersnorth.com*

trum des brettebenen Weizenanbaugebiets im Süden der Provinz.

Während eines Bummels durch das ☀ *Wascana Centre*, eine 9,3 km² große, gepflegte Parkanlage um einen künstlichen See, kommen Sie zu dem 1912 fertiggestellten *Legislative Building*

Im Herbst warten die Eisbären in der Bucht von Churchill auf die Packeisbildung

INSIDER TIPP ▶ SEA NORTH TOURS

Mike und Doreen Macri sind Spezialisten für Walbeobachtungstouren. In der Mündung des Churchill River leben im Sommer etwa 3000 Belugawale. Angeboten werden auch Kajak-, Tauch- und Schnorcheltouren. *Tel. 204 6 75 21 95 | www.seanorthtours.com*

AUSKUNFT

TOWN OF CHURCHILL

P. O. Box 459 | Tel. 204 6 75 88 71 | www. churchill.ca

REGINA

(144 B5) (*ന G6*) **Die Hauptstadt Saskatchewans (210 000 Ew.) liegt im Zen-**

und dem großen *Royal Saskatchewan Museum,* das sich der Naturgeschichte, Archäologie und den indianischen Kulturen der Prärien widmet. Berühmteste Attraktion ist an der Dewdney Avenue das Trainingszentrum der ● *Royal Canadian Mounted Police*, im Sommer wird montags, mittwochs und freitags um 12.45 Uhr exerziert. Und im *RCMP Centennial Museum* können Sie die kniffligsten Fälle der Ordnungshüter erleben.

ESSEN & TRINKEN

WILLOW ON WASCANA ☺

Schickes Terrassenlokal am See mit regionaler kanadischer Küche vorwiegend aus Bioprodukten, Gerichte mit z. B. Bisonfleisch, Wildpilzen und Forellen. *3000 Wascana Dr. | Tel. 306 5 85 36 63 | €€*

AM ABEND

Beliebte Kneipen, teils mit Livemusik, sind das *Rock Creek Tap and Grill (3255 Quance St.)* und der *Whiskey Saloon (1047 Park St.)*.

UNTERKUNFT

DRAGONS NEST B & B

Gute Pension in ruhiger, zentraler Wohngegend. *4 Zi. | 2200 Angus St. | Tel. 306 5 25 21 09 | www.bbcanada.com/8361. htm | €–€€*

AUSKUNFT

TOURISM SASKATCHEWAN

189-1621 Albert St. | Tel. 877 2 37 22 73 | www.sasktourism.com

ZIEL IN DER UMGEBUNG

GRASSLANDS NATIONAL PARK
(144 B5) *(ΜΩ F7)*

Der 2001 geschaffene Park rund 350 km südwestlich von Regina nahe der US-Grenze schützt eines der letzten ursprünglichen Präriebiotope in Kanada. Bisons, Kolonien von Präriehunden, Antilopen und Klapperschlangen zählen zu den Bewohnern, die man mit Glück entlang der 80 km langen ☀ *Panoramastraße* durch den Park erleben kann.

SASKATOON

(144 B4) *(ΜΩ F6)* **Ausgehend von der Zahl der Westernbars ist kaum zu glauben, dass die heute größte Stadt Saskatchewans (260 000 Ew.) einst als Abstinenzlersiedlung gegründet wurde.**
Die „Stadt der Brücken" besitzt heute ein lebendiges Kulturleben, viele Grünanlagen und eine Hightechindustrie.

SEHENSWERTES

WANUSKEWIN HERITAGE PARK

Weitläufiges Kulturzentrum mit Ausstellungen über die Prärie-Indianer. Im ökobewussten ♻ Restaurant wird Wildreissalat und andere indianische Kost serviert, und man kann sogar **INSIDER TIPP** in Tipis übernachten – inklusive Dinner und Kulturprogramm am Lagerfeuer. *Tgl. 9–18, im Winter 9–16.30 Uhr | nördl. der Stadt am Hwy. 11 | Eintritt 8,50 $ | www.wanuskewin.com*

WESTERN DEVELOPMENT MUSEUM

Pioniergeschichte der Prärien, sehr eindrucksvoll präsentiert. *Di–So 9–17 Uhr | 2610 Lorne Ave. S | Eintritt 9 $*

ESSEN & TRINKEN

CALORIES

Bäckerei und Bistro mit toller Regionalküche. Großartige Desserts. *721 Broadway Ave. | Tel. 306 6 65 79 91 | www.calories restaurants.com | €€–€€€*

ÜBERNACHTEN

DELTA BESSBOROUGH

Ein traditionsreiches Hotel mit Blick über den Fluss. *225 Zi. | 601 Spadina Crescent E | Tel. 306 2 44 55 21 | www. deltahotels.com | €€*

MARCO POLO HIGHLIGHTS

★ **Churchill**
Spektakuläre Fotosafari zu den Eisbären an der Hudson Bay → S. 80

★ **The Manitoba Museum**
Lehrreiches über Pelzhändler und Natur in einem großartigen Museum → S. 84

PRINCE ALBERT NATIONAL PARK

(144 B4) (∅ F–G6)

Seen- und waldreicher Park rund 200 km nördlich von Saskatchewan mit guten Wander- und Kanumöglichkeiten. Unterkünfte, Kanuvermietung und Badestrände finden Sie im Ferienort *Waskesiu Lake.* Von der historischen *Sturgeon River Ranch* (Tel. 306 4 69 23 56 | www.sturgeon riverranch.com) aus werden Ausritte und Bisonbeobachtung im Park angeboten.

WINNIPEG

(144 C5) (∅ H6–7) **Wirtschaftszentrum der Prärien ist die moderne Hauptstadt Manitobas (730 000 Ew.) mit reger Kultur und guten Restaurants.**

Das Geschäftsleben spielt sich auf der Westseite des Red River an der quirligen *Portage Avenue,* INSIDER TIPP im alten Lagerhallenbezirk *Exchange District* und in *The Forks* ab. Neben diesem Entertainmentcenter am Flussufer entsteht derzeit der spektakuläre Neubau des *Canadian Museum of Human Rights.* Auf dem Ostufer des Flusses liegt der vorwiegend französischsprachige Vorort *St-Boniface,* in dem die Ruinen der gleichnamigen Basilika zu besichtigen sind. Im Friedhof der Kirche liegt Kanadas einziger Revolutionär begraben, der Metis-Führer Louis Riel.

ASSINIBOINE PARK ZOO

Neben exotischen Tieren wie Zebras und Przewalski-Pferden legt der Zoo derzeit den 4 ha großen ⊕ Wildpark *Journey to Churchill* an. Hier werden die Ökosysteme Manitobas nachgestellt bis hin zu einem großen Eisbärengehege. *Im Sommer tgl. 9–18, sonst bis 16 Uhr | 2595 Roblin Blvd. | Eintritt 6 $ | www.assiniboineparkzoo.ca*

THE MANITOBA MUSEUM ★

Acht große Abteilungen zeigen die Vegetationszonen und die Pioniergeschichte der Prärien. Prunkstück ist ein detailgetreuer Nachbau der „Nonsuch", mit der die ersten Pelzhändler 1668 zur Hudson Bay segelten. *Di–Fr 10–16, Sa/So 11–17 Uhr | 190 Rupert Ave. | Eintritt 9 $*

WINNIPEG ART GALLERY

Kanadische und europäische Malerei, gute Sammlung von Inuitkunst. Nettes Dachgartencafé. *Di–So 11–17, Do bis 21 Uhr | 300 Memorial Blvd. | Eintritt 10 $ | www.wag.ca*

Nahebei im Geschäftsviertel um die Portage Avenue liegen gute Verkaufsgalerien mit Inuitskulpturen und -drucken.

MUDDY WATERS SMOKEHOUSE

Steaks und Rippchen, frisch vom BBQ-Grill. *15 Forks Market Rd. | Tel. 204 9 47 66 53 | €–€€*

LOW BUDG€T

▶ In Winnipeg fahren die *Spirit*-Busse auf drei Routen gratis durchs Zentrum. Noch netter – und nicht teuer – sind Fahrten mit dem *Splash Dash Water Bus (3,50 $)* auf dem Red und Assiniboine River. www.splashdash.ca

▶ Fish & Chips müssen nicht aus Dorsch oder Heilbutt sein: Im Örtchen Gimli am Lake Winnipeg serviert *Kris' Fish & Chips* den Klassiker mit leckerem Pickerel-Fisch direkt aus dem See – für 10 $ *(78 A First Ave.)*

Die Präriemetropole Winnipeg punktet mit einer guten Wirtschaftsstruktur und viel Kultur

ÜBERNACHTEN

HOTEL FORT GARRY

Stilvoll renoviertes historisches Hotel am Rand der Altstadt. *246 Zi. | 222 Broadway | Tel. 204 9 42 82 51 | www. fortgarryhotel.com*

AUSKUNFT

TRAVEL MANITOBA

155 Carlton St. | großes Explore Manitoba Centre im The Forks | Tel. 204 9 27 78 00 | www.travelmanitoba.com

ZIELE IN DER UMGEBUNG

LOWER FORT GARRY (144 C5) (*m* H6)

Das alte Pelzhändlerfort, etwa 32 km nördlich am Red River, ist heute Museumsdorf.

RIDING MOUNTAIN NATIONAL PARK
(144 C5) (*m* H6)

Gut 400 m ragt der Riding Mountain im Westen Manitobas, etwa 25 km nordwestlich von Winnipeg, über der Ebene auf. Dank der Höhenunterschiede liegt der knapp 3000 km^2 große Park im Schnittpunkt von drei Lebenszonen: Prärie, Laubwald und borealem Nadelwald. Schwarzbären und Wapitihirsche sind häufig auf den Trails zu beobachten. Zentrum für alle Aktivitäten ist *Wasagaming* am Clear Lake (gut zum Baden und Kanufahren).

Als Unterkunft empfehlen sich die *Thunderbird Bungalows (22 Hütten | Wasagaming | Tel. 204 8 48 25 21 | www. thunderbirdbungalows.com | €–€€),* kleine Apartments in Holzhütten mit voll eingerichteter Küche; nur fünf Fußminuten vom See.

Auskunft: *Riding Mountain National Park | Wasagaming | Tel. 204 8 48 72 75 | www.pc.gc.ca*

STEINBACH (144 C5) (*m* H7)

In dem Mennonitenort, 60 km südöstlich von Winnipeg, veranschaulicht ein Freilichtmuseum das Leben der deutschstämmigen Pioniere.

DER WESTEN

Stille Seen und tosende Bergbäche, steil aufragende Gebirgsmassive und eine raue, zerrissene Felsenküste – die beiden Westprovinzen Kanadas, Alberta und British Columbia, bieten vielfältige Landschaften und Kontraste.

An der fjordreichen Pazifikküste steigen die von Gletschern gekrönten Coast Mountains aus dem Wasser. Allein Vancouver Island, die größte der vorgelagerten Inseln, ist fast 500 km lang und so groß wie Belgien. Dahinter erstrecken sich sonnige, wald- und seenreiche Hochplateaus bis zu den Rocky Mountains. Das Felsengebirge, Rückgrat des Kontinents, birgt die einzigartigen Nationalparks Banff und Jasper, verbunden durch den Icefields Parkway, eine spektakuläre Panoramastraße.

Noch weiter östlich im Ranchland Albertas, wo vor 65 Mio. Jahren Dinosaurier lebten, weiden heute große Rinderherden – in friedlichem Einklang mit Ölpumpen, die das schwarze Gold Albertas fördern.

Das direkt am Pazifik gelegene Vancouver gilt als eine der schönsten Städte Nordamerikas. Das wohlhabende Victoria gleicht mehr einem Erholungsort denn einer Provinzhauptstadt. Auf der Ostseite der Rockies liegen die Großstädte Albertas: Calgary und Edmonton. In ihrem touristisch gut erschlossenen Hinterland leben Farmer, Holzfäller und Bergarbeiter in oft winzigen Orten. Insgesamt nur 8,5 Mio. Menschen in einer Region, die gut viermal so groß ist wie Deutschland.

Bild: Jasper National Park

Von den Rockies zum Pazifik: Holzfäller-romantik und grandiose Bergpanoramen – der junge Westen ist ein ideales Urlaubsziel

BANFF NAT. PARK

(143 E5) (*E6*) **Im Sommer tobt an der Banff Avenue und am berühmten Gletschersee Lake Louise der Tourismus.** Trotzdem, der älteste Nationalpark Kanadas ist die Reise wert: 6640 km² Gletschertäler, smaragdgrüne Seen und schneebedeckte Dreitausender sowie der berühmte *Icefields Parkway*. Rum-meliger Tourismus herrscht nur in den beiden Orten, draußen in der Natur auf den mehr als 1300 km langen Pfaden im Hinterland wird es schnell ruhiger (Wan-derkarten im Visitor Centre!).

SEHENSWERTES

CAVE AND BASIN NAT. HISTORIC SITE
Die neu renovierte Keimzelle des Parks mit Ausstellung zur Parkgeschichte. *Im Sommer tgl. 9–18 | Cave Ave. | Eintritt 3,90 $*

Im Banff National Park führt eine Gondel zur Aussichtsterrasse

ICEFIELDS PARKWAY ★

Die schönste Panoramaroute der Rocky Mountains führt von Lake Louise rund 230 km nach Norden immer an der kontinentalen Wasserscheide entlang. Die Eindrücke sind spektakulär: Gletscher, Wasserfälle und Seen, aufgereiht wie Perlen. Der schönste Blick: vom ● *Bow Pass* auf den milchgrünen *Peyto Lake.* Ebenfalls einen Aufenthalt und kurze Wanderungen verdienen *Mistaya Canyon, Waterfowl Lake* (guter Campingplatz) und die *Sunwapta Falls.*

WHYTE MUSEUM OF THE ROCKIES

Das Thema ist die Erschließung der Rocky Mountains seit den Pioniertagen. Gute Sonderausstellungen. *Tgl. 9.30–18, im Winter 10–17 Uhr | 111 Bear St. | Eintritt 8 $*

ESSEN & TRINKEN

COYOTE'S ☺

Nettes Bistro mit Biogerichten und inspirierter Southwest-Küche. Auch zum Frühstücken gut. *206 Caribou St. | Tel. 403 7 62 39 63 | €*

MAPLE LEAF

Moderne kanadische Küche, gute Wildgerichte. *137 Banff Ave. | Tel. 403 7 60 76 80 | €€€*

INSIDER TIPP NUM-TI-JAH LODGE ☼

Historische Lodge am Bow Lake mit gutem Restaurant sowie 25 Zimmern. *Nur Mai–Okt. | Icefields Parkway Lake Louise | Tel. 403 5 22 21 67 | www.sntj.ca | €€*

EINKAUFEN

An der *Banff Avenue* drängeln sich ganz überwiegend Souvenirläden mit T-Shirts, Fleecejacken und Schokoversuchungen. Bessere und individuellere Qualität finden sie in den Läden der Seitenstraßen wie etwa der INSIDER TIPP *Canada House Gallery* (201 Bear St.), in der nur Kunst und Kunsthandwerk aus Kanada verkauft wird.

ÜBERNACHTEN

INSIDER TIPP ▶ BAKER CREEK CHALETS

Perfekte Idylle: Blockhütten auf einer Uferbank am Bow River. *Hwy. 1A Lake Louise | Tel. 403 5 22 37 61 | www. bakercreek.com | €€–€€€*

BANFF CARIBOU LODGE

Gepflegtes, neues Hotel im Ort mit gutem Steakrestaurant. *190 Zi. | 521 Banff Ave. | Tel. 403 762 58 87 | www. banffcariboulodge.com | €€–€€€*

FREIZEIT & SPORT

Halb- und ganztägige Wandertrails finden Sie um *Lake Louise (Lake Agnes Trail)*, *Johnstone Canyon* und am *Moraine Lake*. Auf den Gipfel des *Sulphur Mountain* führt eine ☼ Gondelbahn zum Panoramablick über die Stadt Banff. *Bactrax Bike Rentals (225 Bear St. | Tel. 403 7 62 81 77)* vermietet Räder, organisiert Touren und gibt gute Tipps für Routen. Nach dem Biken oder Wandern lockert ein heißes Bad in den ● *Upper Hot Springs (im Sommer tgl. 9–23 Uhr | Mountain Ave. | Eintritt 7,30 $)* die Muskeln.

AUSKUNFT

BANFF VISITOR CENTRE

224 Banff Ave. | Tel. 403 7 62 84 21 | www. banfflakelouise.com

ZIEL IN DER UMGEBUNG

YOHO NATIONAL PARK
(143 E5) *(ᗰ E6)*

Der nur 1313 km² große Park an der Westflanke der Rocky Mountains ist weniger bekannt und überlaufen als der direkt östlich angrenzende Banff National Park. Die Bergszenerie ist jedoch nicht weniger spektakulär. Besonders eindrucksvoll sind die 384 m hohen *Takakkaw-Wasserfälle* und der türkisfarbene ☼ *Emerald Lake* mit schönem Rundwanderweg.

Ein guter **INSIDER TIPP ▶** Übernachtungstipp mit einem hervorragenden Restaurant ist die *Kicking Horse Lodge*

MARCO POLO HIGHLIGHTS

★ **Icefields Parkway**
Die Panoramastraße der Rockies mit guten Chancen, auch Bären zu sehen → S. 88

★ **Calgary Stampede**
Seit 100 Jahren ein Cowboytreff: die Rodeoshow der Superlative
→ S. 90

★ **Royal Tyrrell Museum of Palaeontology**
Dinosaurier in perfekter Urweltlandschaft → S. 92

★ **West Edmonton Mall**
Endlos shoppen → S. 94

★ **Vancouver**
Traumhaft schöne Stadt vor imposanter Kulisse → S. 96

★ **Fort Langley**
Original-Pelzhändlerposten – heute ein Freiluftmuseum
→ S. 99

★ **Pacific Rim National Park**
Der schönste Teil der Pazifikküste Kanadas mit Regenwäldern und wilden Stränden → S. 100

★ **Mackay Whale Watching**
Besuch im Reich der Orcawale
→ S. 101

(14 Zi. | Field | Tel. 250 3 43 63 03 | www. trufflepigs.com | €–€€).

CALGARY

(143 E–F5) (👁 E6) Rings um Calgary dehnt sich weite Prärie, Rinderherden weiden im Vorland der Rockies.

Doch beim Bummel durch die Innenstadt entpuppt sich die 1,2 Mio. Einwohner zählende Stadt als weltstädtische Metropole: Wolkenkratzer, Boutiquen, Straßencafés, überall Skulpturen und viele Einkaufspassagen wie die im postmodernen Turmbau *Bankers Hall*. Berühmt wurde Calgary 1988 als Austragungsort der Olympischen Winterspiele. Seither ist auch der *Chinook*-Wind hinlänglich bekannt, der oft im Winter wie ein Heißluftföhn von den Rocky Mountains herab über die Stadt kommt und allen Schnee wegleckt.

Die Geschichte der Stadt begann 1875 mit der Gründung eines Polizeipostens

CITY ▸ WOHIN ZUERST?
Gut zu findender Mittelpunkt der City ist der **Calgary Tower** (101 9th Ave.; Parkplatz einen Block östlich an der 9th Ave.). Schräg gegenüber liegt das Glenbow Museum. Die Fußgängerzone Stephen Avenue Mall verläuft eine Straße weiter nördlich, und zum Eau Claire Market am Ufer des Bow River sind es weitere sieben Straßen gen Norden.

am Bow River zur Bekämpfung des illegalen Whiskeyhandels. In kurzer Zeit wurde Calgary zum Zentrum der Fleischindustrie in Kanada. Der Ölfund im Turner Valley von 1914 löste dann einen Ölboom aus – seither floriert die Ölindustrie. Trotzdem pflegt die Stadt ihr Cowboyimage und richtet alljährlich die ⭐ *Calgary Stampede* aus, das größte Rodeo der Welt. Die ganze Stadt steht zehn Tage lang Kopf, wenn Anfang Juli die

Zum weltgrößten Rodeo, der Calgary Stampede, reisen Cowboys aus allen Teilen der Welt an

Cowboys sogar aus Australien kommen, um beim Bronco- und Bullenreiten hohe Geldprämien zu erkämpfen.

SEHENSWERTES

CALGARY TOWER ✨

Kanadas dritthöchster Turm (191 m); Aussichtsplattform mit Glasboden und Drehrestaurant. Gen Osten dehnen sich die Prärien, im Westen ragen die Rockies auf. *Tgl. 9–21 Uhr | 1019th Ave. SW | Eintritt 16 $*

GLENBOW MUSEUM

Exzellente Ausstellungen über Indianer und Siedler. *Di–Do 9–17, Fr 11.30–19.30, So 12–17 Uhr | 1309th Ave. SE | Eintritt 14 $ | www.glenbow.org*

INNENSTADT

Schlagader der Innenstadt ist die Fußgängerzone *Stephen Avenue Mall (8th Ave.)* mit im Sommer gut gefüllten Straßencafés. Im Winter verlagert sich das Leben in die großen Shoppingmalls. Etwas nördlich an der Centre Street liegt die kleine *Chinatown*, westlich davon, am Ufer des Bow River, die hübsche Einkaufsmall *Eau Claire Market* und – auf einer Insel im Fluss – der große *Calgary Zoo (tgl. 9–17 Uhr | Eintritt 21 $)*.

ESSEN & TRINKEN

1886 BUFFALO CAFÉ

Uriges Frühstücks- und Lunchlokal neben dem Eau Claire Market. Nur bis 15 Uhr geöffnet. *187 Barclay Parade SW | Tel. 403 2 69 92 55 | €–€€*

EINKAUFEN

Westernkleidung, Stetsons und Cowboystiefel sind die beliebtesten Souvenirs aus Calgary. Gute Auswahl finden Sie bei *Alberta Boot (5050 th Ave. S)* und *Lammle's Western Wear (Stephen Ave. Mall)*.

CROSSIRON MILLS

Riesiges Einkaufszentrum am Nordrand von Calgary mit rund 200 Läden, vielfach auch mit Discountverkauf. Levi's, Tommy Hilfiger, Banana Republic etc. *Mo–Sa 10–21, So bis 18 Uhr | 261055 CrossIron Blvd., am Hwy. 2 nördlich des Flughafens | www.deerfootmall.ca*

FREIZEIT & SPORT

CANADA OLYMPIC PARK

Im Olympiazentrum von 1988 zeigt die moderne *Sports Hall of Fame (Di–Sa 10–17, So 12–17 Uhr | Eintritt 12 $ | Hwy. 1, am Westrand der City)* alles über Sport in Kanada. Dazu gibt es eine Zipline über die Skisprungschanze, Mountainbiketrails und Bobfahrten im Sommer. Alle Aktivitäten von Ende Juni bis Anfang Oktober *(Preise 24–99 $)*.

AM ABEND

Zahlreiche Lokale, Bars und Tanzclubs liegen entlang der *17th Ave. SW* zwischen *4th* und *8th Street*. Für Country-&-Western-Fans lohnt die Fahrt nach Süden besonders zum *Ranchman's Saloon (9615 Mac Leod Trail S)*.

ÜBERNACHTEN

BEST WESTERN PORT O'CALL

Ein gutes Kettenmotel nahe dem Flughafen. *200 Zi. | 1935 McKnight Blvd. NE | Tel. 403 2 91 46 00 | www.bwportocallhotel.com | €€*

FAIRMONT PALLISER

Stilvolles Grandhotel aus der Gründerzeit im Zentrum. *407 Zi. | 1339th Ave. SW |*

Tel. 403 2 62 12 34 | www.fairmont.de | €€–€€€

AUSKUNFT

TOURISM CALGARY
Infokioske am Flughafen und im Fuß des Calgary Tower | 23 811th Ave. SE | Tel. 403 2 63 85 10 | www.visitcalgary.com

ZIELE IN DER UMGEBUNG

DRUMHELLER (143 F5) (*F6*)
140 km nordöstlich von Calgary liegen die *Alberta Badlands,* eine bizarre Erosionslandschaft entlang des Red Deer River. Eine Fahrt am 54 km langen *Dinosaur Trail* zeigt vielfarbige Schuttkegel und seltsame Felssäulen, in denen bereits zahllose Fossilien entdeckt wurden. Die eindrucksvollsten Fundstücke von Dinosauriern, die vor 65 Mio. Jahren diese Region bevölkerten, sind im ★ ● Royal Tyrrell Museum of Palaeontology (tgl. 9–21, im Winter Di–So 10–17 Uhr am Hwy. 838 | Eintritt 12 $ | www.tyrellmuseum.com) zusammengetragen. Die weltweit größte Ausstellung dieser Art lässt die Urzeit wieder lebendig werden. **INSIDER TIPP ▶ Für Familien gibt es gute Programme,** bei denen die Kids selbst graben dürfen und auch Paläontologen treffen.

FORT MACLEOD (143 F6) (*E6*)
Der alte Farmerort (300 Ew.) rund zwei Stunden Fahrt südlich von Calgary auf dem Weg zum Waterton Lakes Park war einst der erste Stützpunkt der „Mounties" im Westen Kanadas. Heute zeigen im restaurierten Polizeifort von 1874 Studenten in den historischen Uniformen der Royal Canadian Mounted Police im Sommer täglich Reitvorführungen. 20 km westlich liegt im Blackfoot-Reservat das hervorragend gestaltete **INSIDER TIPP ▶ Head-Smashed-In Buffalo Jump Interpretive Centre,** das die Lebensweise der Prärie-Indianer erläutert.

KANANASKIS COUNTRY
(143 E5) (*E6*)
Das idyllische Feriengebiet etwa 100 km westlich von Calgary liegt an der sonnigen, waldreichen Ostflanke der Rocky Mountains. Am *Mount Allan* fanden 1988 die olympischen Abfahrtsläufe statt. Vor schroffer Bergkulisse finden Sie heute hier einen hervorragenden Golfplatz sowie mehrere gute Fahrrad- und Wanderwege.

Ein Übernachtungstipp für Familien: In den *Sundance Lodges* können Sie in echten Tipis schlafen (auch Campingplatz; Hwy. 40, Kananaskis | Tel. 403 5 91 71 22 | www.sundancelodges.com | €€). Westernfans besuchen etwas östlich bei Longview die *Bar U Ranch (im Sommer tgl. 9–17 Uhr | Hwy. 22 | Eintritt 7,80 $),* eine Museumsranch aus dem Jahr 1882.

WATERTON LAKES NATIONAL PARK
(143 E6) (*E6*)
Der mit nur 525 km² Fläche kleinste der Nationalparks der Rocky Mountains liegt rund 250 km südlich von Calgary direkt am Rand der weiten Prärien. Mit seinen großen Seen reicht er bis über die Grenze in den *Glacier National Park* von Montana. ● *Waterton Shoreline Cruises (Tel. 403 8 59 23 62 | Fahrpreis 40 $)* bietet ❉ Bootsfahrten auf dem *Upper Waterton Lake* an.

CARIBOO-REGION

(143 D5) (*D–E6*) **Das sonnige Hochplateau am Oberlauf des Fraser River in British Columbia ist der Wilde Westen**

Kanadas: hügeliges Ranchland mit Rinderherden und alten Goldgräberorten wie *Barkerville.*

Auf der Fahrt finden Sie am *Cariboo Highway* immer wieder Seen, deren sandige Ufer zum Baden verlocken. Hauptort und Ausgangspunkt für Touren ist *Williams Lake,* das alljährlich am 1. Juli ein großes Rodeo ausrichtet. Outfitting und Kanuvermietung für einwöchige Kanutouren auf den *Bowron Lakes* sowie auch eine Übernachtungsmöglichkeit bietet *Becker's Lodge (7 Hütten | Bowron Lake Rd. | Wells | Tel. 250 9 92 88 64 | www. beckerslodge.ca | €–€€).*

Auskunft über die gesamte Region: *Cariboo Chilcotin Coast Tourism Association (350 Barnard St. | Williams Lake | Tel. 250 3 92 22 26 | www.landwithoutlimits.com),* das *Visitor Centre* für die Region finden Sie ebenfalls in *Williams Lake (1600 S Broadway).*

ZIEL IN DER UMGEBUNG

LYTTON (143 D6) (*D6*)

Das kleine Wildwestnest (300 Ew.) 200 km südlich von *Williams Lake* liegt an der Mündung des Thompson in den Fraser River und ist ein beliebter Ausgangspunkt für Rafttouren, veranstaltet beispielsweise von *Kumsheen Rafting (Tel. 800 6 63 66 67 | www.kumsheen.com).* Stromabwärts beginnt die Schlucht des Fraser, wo sich der Strom auf 100 km Länge seinen Weg durch die Coast Mountains bahnt.

EDMONTON

(143 E5) (*F6*) **Pelzhändlerzeiten, Goldrausch, Ölboom – die Provinzhauptstadt Albertas hat alles erlebt und sich dabei zu einer Metropole von heute rund 1,1 Mio. Einwohnern entwickelt.**

Spiegelnde Glasfassaden in Edmonton, der Provinzhauptstadt Albertas

SEHENSWERTES

FORT EDMONTON PARK

Das weitläufige Freilichtmuseum zeigt die Stadtgeschichte von den Pelzhändlertagen bis ins 20. Jh. Das Fort der Hudson's Bay Company von 1846 wurde detailgetreu rekonstruiert. *Im Sommer tgl. 10–18 Uhr | Whitemud Freeway | Eintritt 15,75 $*

INNENSTADT

Eine Gruppe von Bürotürmen markiert die City auf einer Anhöhe über dem tief eingeschnittenen Tal des North Saskatchewan River. Zentraler Platz ist der *Sir*

Winston Churchill Square mit einigen Galerien, Theatern und einem großen Einkaufszentrum. Parallel dazu verläuft etwas südlich die Hauptgeschäftsstraße Jasper Avenue.

WEST EDMONTON MALL ⭐

Eine der größten Malls der Welt. Shoppingparadies mit rund 800 Läden und

Ein unvergessliches Erlebnis ist das Besteigen der Selkirk Mountains im Glacier National Park

MUTTART CONSERVATORY

Botanischer Garten, der mit vier futuristischen Glaspyramiden im Tal vor der Innenstadt einen städtebaulichen Akzent setzt. *Tgl. 10–17, Do bis 21, So ab 11 Uhr | 962 696A St. | Eintritt 11,74 $*

ROYAL ALBERTA MUSEUM

Indianische Kultur, Pioniergeschichte und die Welt der Dinosaurier. Häufig große Sonderausstellungen. *Tgl. 9–17 Uhr | 12845 102nd Ave. | Eintritt 11 $*

ESSEN & TRINKEN

BLUE PLATE DINER ☺

Modernes Bistro mit kreativer Biokost und lokaler Kunst an den Wänden. *10145 104th St. | Tel. 780 4 29 07 40 | €€*

Restaurants, Vergnügungspark, Kinos, künstlichem See und einem riesigen Spaß- und Wellenbad, dem *World Waterpark. 87th Ave./170th St.*

ÜBERNACHTEN

FANTASYLAND

Gut 120 der 355 Zimmer sind ganz exotisch gestylt – arabisch, à la Hollywood oder mit Südseeflair. *17700 87th Ave. | Tel. 780 4 44 30 00 | www.fantasylandhotel.com | €€€*

WEST HARVEST INN

Gutes Kettenhotel nahe West Edmonton Mall. *159 Zi. | 17803 Stony Plain Rd. | Tel. 780 4 84 80 00 | www.westharvest.ca | €–€€*

EDMONTON TOURISM

Am Hwy. 2 am Südrand der Stadt und 9990 Jasper Ave. NW | Tel. 780 4 96 84 00 | www.edmonton.com

GLACIER NAT. PARK

(143 E5) *(⌀ E6)* **Viele Schwarz- und Grizzlybären leben in dem 1350 km² großen Schutzgebiet der gletscherbedeckten *Selkirk Mountains,* die vom Hwy. 1 in mühsamem Anstieg überwunden werden.**

Auf 1327 m Höhe am ⚲ *Rogers Pass* erinnert ein Denkmal an die Vollendung des *Trans-Canada Highway* im Jahr 1962. Im *Visitor Centre* nebenan wird sehr anschaulich der schwierige Bahnbau dokumentiert. Unter den Unterkünften im Bahnort *Golden* empfiehlt sich die im Blockhüttenstil errichtete 🌿 *Kicking Horse River Lodge (17 Zi. | 801 9th St. N | Golden | Tel. 250 4 39 11 12 | khrl.com | €–€€),* umweltbewusst mit geothermischer Heizung, gutem Café und Backpacker-Hostel im Keller.

ZIEL IN DER UMGEBUNG

MOUNT REVELSTOKE NATIONAL PARK
(143 E5) *(⌀ E6)*
In der Zeit von Juli bis Anfang September INSIDER TIPP blühen die Bergwiesen um den Gipfel des Mount Revelstoke – ein unvergessliches Erlebnis, das dieser nur ca. 20 km entfernte Nationalpark bietet. Der Zugang ist einfach: Eine Schotterstraße führt auf den 1938 m hohen Berg (Buszubringer im Hochsommer). Weitere Lehrpfade führen durch die *Regenwälder* am Fuß des Bergs.

JASPER NAT. PARK

(143 E5) *(⌀ E6)* **Das nördlich an Banff angrenzende Schutzgebiet ist mit 10 800 km² Fläche sogar noch größer, wilder und wildreicher als die berühmte Schwester.**

Nicht verpassen sollten Sie die tosenden *Athabasca-Wasserfälle* und den idyllischen Bergsee *Maligne Lake,* den Blick vom ⚲ *Whistlers Mountain* (Gondelbahn) und INSIDER TIPP ein entspannendes Bad in den heißen Quellen von Miette. Unterkünfte, Campingplätze und Restaurants finden Sie im einzigen Ort des Parks, *Jasper.*

SEHENSWERTES

ATHABASCA GLACIER
Der strahlend weiße, bis fast an die Straße reichende Gletscher am *Icefields Parkway* ist ein Höhepunkt jeder Rockies-Reise. Die Gletscherzunge ist Teil des 325 km² großen *Columbia Icefield,* eines Überbleibsels aus der letzten Eiszeit, das seine Schmelzwasser in den Atlantik, Pazifik und das Polarmeer schickt. Statt mit angebotenen Fahrzeugen können Sie auch zu Fuß aufs Eis (Infos über *Ice Walks* beim Visitor Centre).

Südlich des Athabasca Glacier wird der neue ⚲ *Glacier Discovery Walk* angelegt, eine 30 m lange gläserne Plattform, die weit über das Sunwapta Valley hinausragen soll – mit tollem Blick und reichlich Nervenkitzel.

ÜBERNACHTEN

BEAR HILL LODGE
Gemütliche Blockhütten am Ortsrand von Jasper. *8 Zi. | 100 Bonhomme*

St. | Jasper | Tel. 780 8 52 32 09 | www.
bearhilllodge.com | €€

TOUREN

Eineinhalbstündige Fahrten auf dem
schönsten Gletschersee der Rockies organisiert *Maligne Lake Boat Tours* (Tel.
780 8 52 33 70 | www.malignelake.com),
dreistündige Schlauchbootfahrten auf
dem Athabasca River *Jasper Raft Tours*
(Tel. 780 8 52 26 65 | www.jasperrafttours.
com).

ZIEL IN DER UMGEBUNG

MOUNT ROBSON PROV. PARK
(143 E5) (*ĎŮ E5*)
In dem direkt anschließenden Park im
Westen von Jasper liegt der mit 3954 m
höchste Gipfel der Rockies, der *Mount
Robson*. Lohnenswert ist eine Wanderung entlang des Robson River am Fuß
des eisbedeckten Bergmassivs. Wenn Sie
hier übernachten wollen, empfiehlt sich
die **INSIDER TIPP** *Mountain River Lodge*
(4 Zi., 2 Hütten | Hwy. 16 | Valemount | Tel.
250 5 66 98 99 | www.mtrobson.com |
€–€€).

OKANAGAN-TAL

(143 E6) (*ĎŮ E6*) **Das durch eine lang
gestreckte Seenkette gebildete Tal
wurde wegen seines trockenen, sonnigen Klimas zum Obstgarten, Wein-
anbaugebiet und sehr beliebten Ferien-
zentrum Westkanadas.**

Das Südende des Tals ist extrem regen-
arm, dort wachsen sogar Kakteen. *Schöne Badestrände* liegen um *Osoyoos* und
Penticton, das Ende Juli ein großes Pfir-
sichfestival feiert.

Die *O'Keefe Ranch* im Norden bei *Vernon*
gibt Einblick in das Leben der frühen Pioniere. Gut für eine Weinprobe sind die
beiden Güter in *Westbank Mission Hill
Winery* (1730 Mission Hill Rd.) und die
kleinere **INSIDER TIPP** *Quails' Gate Estate
Winery* (3304 Boucherie Rd.) mit gutem
Restaurant.

QUEEN CHARLOTTE ISLANDS

(142 C5) (*ĎŮ C5*) **Der regenreiche und
häufig sturmumtoste Archipel ist ein
„Galapagos des Nordens" mit Regenwäldern, Seelöwen, Weißkopfseeadlern
und einer unglaublichen Vielfalt an
Meerestieren.**

Im *Haida Heritage Centre* von *Skide-
gate* (750 Ew., Fähre von Prince Rupert)
auf der Nordinsel *Graham Island* ist die
Stammeskultur der kriegerischen Haida
zu sehen, die einst in großen Kanus sogar Wale jagten. Auf der Südinsel wird
im *Gwaii Haanas National Park* das einzigartige Ökosystem der Inseln geschützt.
Das verlassene Haida-Dorf *Ninstints* steht
unter Unesco-Schutz. Einwöchige Touren
mit einem Motorsegler durch die Inselwelt und in den Nationalpark organisiert
Bluewater Adventures (252 East 1st St. |
North Vancouver | Tel. 604 9 80 38 00 |
www.bluewateradventures.ca).

VANCOUVER

KARTE IM HINTEREN UMSCHLAG
(143 D6) (*ĎŮ D6*) ⭐ **Meerum-
schlungen vor einer dramatischen Kulisse tiefgrüner Berge liegt die Metropole
im breiten Flussdelta des Fraser River.**

Vancouver, die schönste Stadt Kanadas: Spiegelnde Glastürme prägen das Bild der Innenstadt, gepflegte Gärten das der Außenbezirke. Hier lässt es sich aushalten! Die Grundstückspreise sind entsprechend – vor allem seit Mitte der 1990er-Jahre begüterte Hongkong-Chinesen über den Pazifik kamen und die Stadt die Olympischen Winterspiele 2010 ausrichtete.

Als Captain George Vancouver 1792 die Mündung des Fraser River in den Pazifik entdeckte, gab es hier nur gewaltige Douglasien. Um 1860 entstand ein erstes Holzfällercamp, doch seit der Errichtung des Endbahnhofs der transkontinentalen Eisenbahn 1886 war das Wachstum Vancouvers nicht zu stoppen. Mit rund 2,3 Mio. Einwohnern im Ballungsraum des Fraser-Deltas und über 150 km Hafenanlagenlänge ist die Stadt heute die größte Metropole und das Wirtschafts- und Handelszentrum Kanadas am Pazifik. Zwei renommierte Universitäten, Museen, Theater, zahlreiche Parks und schöne Strände runden das Bild ab.

CITY WOHIN ZUERST?

Zentraler Platz der City ist der **Robson Square**. Von hier erstreckt sich nach Westen hin das Shoppingviertel der Robson Street, einige Straßen nördlich liegen die Altstadt um die Water Street, der Canada Place und die Uferpromenade Seawalk. Gut zu Fuß zu erreichen sind auch Yaletown sowie die Strände im quirlig-bunten Westend an Denman Street und der Stanley Park. Parkgarage in der Pacific Centre Mall, Ecke Robson und Granville St. Die nächsten Skytrainstationen sind Granville und City Centre.

Das Zentrum liegt auf einer Halbinsel zwischen den Meeresarmen *Burrard Inlet* und *False Creek*. Einen ersten Überblick bietet die Terrasse im ☀ *Harbour Centre* an der Pender Street oder gar eine Seilbahnfahrt auf den ☀ *Grouse Mountain* in North Vancouver. Danach können Sie

Grandville Island: Das ehemalige Industriegebiet ist heute ein lebendiger Treffpunkt

losziehen und die Downtown entdecken: die emsige *Robson Street* und das hübsche Altstadtviertel *Gastown* um die *Water Street,* den *Stanley Park, Chinatown* und die Strände der *English Bay.*

SEHENSWERTES

CHINATOWN (U F4) (*f4*)
Das Viertel um *Pender* und *Keefer Street* ist nach San Francisco die größte Chinesensiedlung Nordamerikas. Gute Restaurants.

INSIDER TIPP ▶ GRANVILLE ISLAND ●
(U B–C6) (*b–c6*)
Vancouvers schönste Seite: ein restauriertes Hafenviertel mit Cafés am Wasser, Straßenkünstlern, einem *Public Market* und guten Kunstgalerien.

MUSEUM OF VANCOUVER
(U A5) (*a5*)
Stadtgeschichte und indianisches Kunsthandwerk sowie das *Maritime Museum* mit der „St. Roch", einem arktischen Patrouillenschiff der *Royal Canadian Mounted Police.* Tgl. 10–17, Do bis 20 Uhr, im Winter Mo geschl. | 1100 Chestnut St. | Eintritt 12 $

STANLEY PARK ☀ (U A–D1) (*a–d1*)
Herrlicher, von Wasser umsäumter, 4 km² großer Stadtpark mit Wanderwegen und Picknickplätzen. Hier befinden sich neben Original-Totempfählen auch die letzten Urwalddouglasien der Innenstadt und ein ausgezeichnetes *Aquarium.*

UBC ANTHROPOLOGY MUSEUM
(0) (*0*)
Der eigenwillige Museumsbau des Kanadiers Arthur Erickson auf dem Gelände der *University of British Columbia* birgt eine bedeutende Sammlung von Totempfählen und Masken der Nordwestküs-

ten-Indianer. Tgl. 10–17 Uhr, im Winter Mo geschl. | 6393 NW Marine Dr. | Eintritt 16,75 $ | www.moa.ubc.ca

ESSEN & TRINKEN

BRIDGES (U B6) (*b6*)
Beliebtes Bistro, Bar und Restaurant am Wasser. *1696 Duranleau St. Granville Island | Tel. 604 6 87 44 00 | €€–€€€*

EDIBLE CANADA ⊙ (U B6) (*b6*)
Ökobistro mit Terrasse und Laden. Lecker: die *fish tacos* vom Straßenverkauf. Und falls Sie mit dem Elektroauto kommen: Eine Ladestation ist direkt vor der Tür. *1596 Johnston St. | Granville Island | Tel. 604 6 82 66 81 | www.ediblecanada. com | €€*

JOE FORTE'S (U C3) (*c3*)
Schickes Fischlokal direkt im Zentrum. *777 Thurlow St. | Tel. 604 6 69 19 40 | €€–€€€*

EINKAUFEN

Hauptgeschäftsstraße ist die quirlige *Robson Street. Granville Island* und der *Lonsdale Quay Market* locken mit Märkten (Räucherlachs), Cafés und originellen kleinen Läden.

KLAHOWYA VILLAGE
Indianisches Dorf mit Kunsthandwerkern, Fr–So indianische Tanzvorführungen. *Ende Juni bis Anfang September | Eintritt 8 $ | Stanley Park*

FREIZEIT & SPORT

ECOMARINE PADDLING CENTRE
Vermietung von Kajaks und Stand-up-Paddleboards für individuelle Touren im False Creek vor der Kulisse der Innenstadt. Auch Kurse und geführte

Touren. Miete 2 Stunden 19–39 $. *1668 Duranleau St. | Granville Island | Tel. 604 6 89 75 75 | www.ecomarine.com*

AM ABEND

Aktuelle Hinweise auf viele Clubs und Konzerte finden Sie in der Wochenendausgabe der *Vancouver Sun* und in der Wochenzeitung *Georgia Straight.* Sehr beliebt ist die Braukneipe mit Restaurant *Yaletown Brewing Co.* (U D5) (*[U] d5*) im alten Lagerhallenviertel Yaletown *(1111 Mainland St.).*

ÜBERNACHTEN

CENTURY PLAZA HOTEL (U C4) (*[U] c4*)

Ein Turmbau in guter Mittelklasse, alle 236 Zimmer mit Küche; toller Blick aus den ☀ oberen Stockwerken über die Stadt. Sehr gute Wohlfühloase, das *Absolute Spa*, mit Massagen, Detox-Bädern und Pflegeanwendungen direkt im Haus. *1015 Burrard St. | Tel. 604 6 87 05 75 | www. century-plaza.com | €€–€€€*

INSIDER TIPP ▶ OPUS HOTEL
(U A3) (*[U] a3*)

Das Trendhotel der Stadt, natürlich in bester Lage im Nightlifeviertel Yaletown. *96 Zi. | 322 Davie St. | Tel. 604 6 42 67 87 | www.opushotel.com | €€€*

AUSKUNFT

TOURISM VANCOUVER (U D3) (*[U] d3*)

Waterfront Centre | 200 Burrard St. | Tel. 604 6 83 20 00 | www.tourismvancouver.com

ZIELE IN DER UMGEBUNG

FORT LANGLEY ★ (143 D6) (*[U] D6*)

Das Pelzhändlerfort am Fraser River, etwa 40 km östlich von Vancouver am Hwy. 1 wurde bereits 1827 von der Hudson's Bay Company angelegt. Heute ist es als Museumsdorf zu besichtigen. Die „Bewohner" führen in zeitgenössischen Kostümen das raue Leben während der Trapperzeit vor. *Tgl. 9–17 Uhr | Langley | Eintritt 7,80 $*

Auch im Sommer ist das Skistädtchen Whistler das Ziel vieler Urlauber

WHISTLER (143 D6) (*[U] D6*)

Das Skistädtchen (10 000 Ew.) in den Coast Mountains knapp 2 Stunden Fahrt nördlich von Vancouver war 2010 der Austragungsort der Olympischen Winterspiele. Auch sonst ist der Ort ideal für den Aktivurlaub: Im Sommer können Sie hier wandern und mountainbiken, im Winter locken die Abfahrten am Whist-

Die schwarz-weißen Orcas werden häufig nahe Vancouver Island gesichtet

ler und Blackcomb Mountain *(Info:www. whistler.com)*. Ein elegantes Nobelhotel an der Talstation der Lifte ist das *Fairmont Château Whistler (550 Zi. | Whistler Village | Tel. 604 9 38 80 00 | www. fairmont.de | €€€, im Sommer €€)* mit ausgezeichnetem Golfplatz.

VANCOUVER ISLAND

(142–143 C–D6) *(⨀ D6)* **Die Waldbestände der gut 450 km langen Insel vor der Westküste machen sie zu einer der wichtigsten Forstregionen Kanadas.**
Die wilde, regenreiche Westküste ist relativ unzugänglich, die milde Ostküste hingegen ist gut erschlossen und bekannt für ihre Badestrände (Fähren nach Vancouver Island ab Tsawwassen und Horseshoe Bay nahe Vancouver).

SEHENSWERTES

RUNDFAHRT
Bei der Fahrt auf dem Island Highway nach Norden sind neben *Victoria* das *Quw'utsun' Center (tgl. 9–18 Uhr | Eintritt 14 $)* sehenswert, ein Kulturzentrum der Cowichan-Indianer in *Duncan* mit gutem indianischen Café, der für seine Fassadengemälde bekannte Ferienort *Chemainus*, der 800 Jahre alte Douglasienhain *Cathedral Grove*, der Fischerhafen *Tofino* sowie die Strände und Regenwälder des ★ ● *Pacific Rim National Park* an der oft stürmischen Westküste. Ein besonderes Highlight ist der 11 km lange *Long Beach*, an dem mächtige Treibholzstämme angeschwemmt werden. Am Südende des Strands erläutert das *Kwisitis Centre* die Naturgeschichte dieser Region. Das Paradies der Lachsangler ist *Campbell River*, und bei *Port McNeill* können Sie Schwertwale in ihrer natürlichen Um-

gebung beobachten. Das benachbarte Fischernest *Alert Bay* – im Stammesgebiet der Kwakiutl-Indianer gelegen – ist berühmt für seine Totempfähle.

ÜBERNACHTEN

INN AT TOUGH CITY ✿

Gepflegte Pension am Hafen mit Blick über den Fjord. *8 Zi. | 350 Main St. | Tofino | Tel. 250 725 20 21 | www.toughcity.com | €–€€*

INSIDER TIPP ▶ STRATHCONA PARK LODGE

Haus am See mit einem tollen Sportangebot. *46 Zi. | Hwy. 28 | Strathcona Park | Campbell River | Tel. 250 286 31 22 | www.strathcona.bc.ca | €€*

FREIZEIT & SPORT

Halbtägige Bootstouren zur *Johnstone Strait,* wo den ganzen Sommer über mehrere Orca-Familien leben, sodass die Chancen zur Beobachtung ausgezeichnet sind, organisiert ★ *Mackay Whale Watching (1514 Broughton Blvd. | Port McNeill | Fahrpreis 105 $ | Tel. 877 663 67 22 | www.whaletime.com). Remote Passages (51 Wharf St. | Tofino | Tel. 250 725633 30 | www.remotepassages.com)* veranstaltet Motor- und Schlauchbootfahrten im *Clayoquot Sound* zur Wal- und Bärenbeobachtung. Und zum Ritt auf den Wellen laden die *Surf Sister (625 Campbell St. | Tel. 250 725 44 56 | www.surfsister.com)* ein: Kurse für Frauen – und für Jungs. Ein Schnupperkurs kostet inklusive Ausrüstung 75 $.

VICTORIA

(143 D6) (*D6*) **Die auf Vancouver Island liegende Hauptstadt (345 000 Ew.)**

von British Columbia gibt sich ganz als Kolonialstadt des British Empire.
Dazu gehören gepflegte Grünanlagen wie die weitläufigen *Butchart Gardens* am Nordende der Stadt, viktorianische Bauten und die Teestunde im efeuumrankten *Empress Hotel,* einem der Wahrzeichen der Stadt. Das milde Klima und die schöne Lage an der *Juan de Fuca Strait* tun das Ihre dazu.

SEHENSWERTES

INNER HARBOUR

Touristische Pflicht ist der Spaziergang am *Inner Harbour,* wo vor der Kulisse des prächtigen, 1897 erbauten *Parliament Building* die Segelboote kreuzen und Boote zur Walbeobachtung ablegen. Südlich davon, im *Beacon Hill Park,* beginnt der 🌿 *Scenic Marine Drive,* der durch die prächtigen Villenvororte der Küstenlinie nach Nordosten folgt.

ROYAL BRITISH COLUMBIA MUSEUM

Nehmen Sie sich Zeit, um die Ausstellungen zu Regenwäldern, Totempfählen und zur Pioniergeschichte zu durchwandern. *Tgl. 9–17 Uhr | 675 Belleville St. | Eintritt 16 $ | www.royalbcmuseum.bc.ca*

ESSEN & TRINKEN

FLYING OTTER GRILL 🌿

Beliebter Pub mit Terrasse am Hafen, umrahmt von Yachten und Wasserflugzeugen; gute Küche für Frühstück, Lunch und Dinner. *950 Wharf St. | Tel. 250 4 14 42 20 | €€*

INSIDER TIPP ▶ THE SUPERIOR

Witziges Kunstlokal mit Terrasse im alten Seemannsheim am Hafen; manchmal Livemusik. Schön auch zum Sonntagsbrunch. *106 Superior St. | Tel. 250 3 80 95 15 | €–€€*

ÜBERNACHTEN

FAIRMONT EMPRESS

Feinste Adresse: renoviertes Schlosshotel am Inner Harbour. *476 Zi. | 721 Government St. | Tel. 250 3 84 81 11 | www.fairmont.de | €€€*

SWANS SUITE HOTEL

Ein nettes, kleines Hotel mit einer eigenen Braukneipe. *29 Zi. | 506 Pandora St. | Tel. 250 3 61 33 10 | www.swanshotel.com | €€*

BÜCHER & FILME

▶ **Payback – Schulden und die Schattenseiten des Wohlstands** – Kluge Abhandlung über das Schuldbewusstsein der Menschen von Kanadas berühmtester Autorin, Margaret Atwood (2008)

▶ **Von dieser Erde** – Rudy Wiebe erzählt in dieser großartigen Familiensaga von seiner mennonitischen Kindheit in den Urwäldern Kanadas (2008)

▶ **My Big Fat Greek Wedding** – Die herzerfrischende Geschichte einer griechisch-kanadischen Liebe in Winnipeg war 2003 für den Oscar nominiert

▶ **Kanada** – Opulenter Bildband mit Schuber vom Fotografen Karl-Heinz Raach und dem Autor dieses Reiseführers, Karl Teuschl (2003)

▶ **Der Schwarm** – Für seinen 1000 Seiten starken Ökothriller mit Tiefseethema hat Frank Schätzing an der Pazifikküste Kanadas recherchiert – und sie auch vielfach in sein Buch eingebunden (2004)

▶ **Atanarjuat – Die Legende vom schnellen Läufer** – Ein Inuitmythos, poetisch erzählt und doch packend. Der erste kanadische Film, der von Ureinwohnern in ihrer Sprache gedreht wurde (2001)

▶ **Schiffsmeldungen** – Ein Fischerhafen in Neufundland ist Kulisse für diesen Film (2001) von Lasse Hallström über das verkorkste Leben des Dan Quoyle. Auch das zugehörige Buch von E. Annie Proulx ist lesenswert

TOURISM VICTORIA
812 Wharf St. (am Inner Harbour) | Tel. 250 9 53 20 33 | www.tourismvictoria.com

ZIEL IN DER UMGEBUNG

BUTCHART GARDENS (143 D6) (*D6*) Fast das ganze Jahr über blüht es in dem 200 000 m² großen botanischen Garten rund 20 km nördlich von Victoria – die größte und schönste Parkanlage Kanadas. Kern der Gärten ist ein alter Steinbruch. *Tgl. ab 9 Uhr | Hwy. 17 A | Eintritt 29,60 $*

YELLOWHEAD-REGION

(142–143 C–D5) (*D–E6*) **Der erst 1970 eröffnete** *Yellowhead Highway 16* **führt von den Prärien über Edmonton zur Pazifikküste. Er folgt den alten Packrouten der Trapper und erschließt den Norden von British Columbia.**

Ab der Grenze zu Alberta im *Jasper National Park* durchquert der Highway zunächst die Wälder des *Fraser Plateau*. Dort kann es Ihnen passieren, dass ein Schwarzbär die Straße kreuzt. Westlich der Holzfällerstadt *Prince George* führt ein Ausflug in die Vergangenheit: Im *Fort St. James (im Sommer tgl. 9–17 Uhr | Eintritt 7,80 $)* können Sie kostümierte Trapper im rauen Alltag von 1896 erleben. 250 km weiter westlich, bei *Hazelton*, leben die Tsimshian-Indianer. Das *'Ksan Village Museum (tgl. 9–17 Uhr | Eintritt 5 $, Führungen 10 $)* und die vielen Totempfähle in den Reservatsdörfern ringsum zeigen die Schnitzkunst dieses Stamms. Von *Kitwanga* aus ermöglicht der *Cassiar Highway* einen Abstecher in die gran-

Eine faszienierende, weitläufige Parklandschaft: Butchard Gardens in Victoria

diose Bergwelt an der Grenze zu Alaska. 240 lohnenswerte Kilometer sind es bis *Stewart* am Ende eines 145 km langen Fjords. Im Nachbarort *Hyder* beginnt Alaska – wo Bars keine Sperrstunde besitzen.

Prince Rupert, ein wichtiger Kohle- und Getreidehafen, bietet Fähranschluss entlang der Westküste: Die BC Ferries verkehren von hier südwärts nach Vancouver Island, die Schiffe des *Alaska Marine Highway* erlauben eine Weiterfahrt nach Alaska (einige Monate vorab buchen, Infos unter *www.bcferries.com*).

NORDTERRITORIEN

Gut ein Drittel der Landfläche Kanadas entfällt auf die Territorien nördlich des 60. Breitengrads. Ein riesiges Gebiet: 3,9 Mio. km² weitgehend menschenleere Wildnis mit Karibuherden und wilden Flüssen.

Politisch ist der Norden in drei Territorien gegliedert: das gebirgige Yukon Territory im Westen, wo vor gut 100 Jahren am Klondike der größte Goldrausch aller Zeiten stattfand, die Northwest Territories, die sich um das gewaltige Tal des Mackenzie River und den Great Slave Lake erstrecken, und das erst 1999 gegründete Nunavut, das von der Hudson Bay bis zum Nordpol reicht – zum großen Teil von Inuit bewohnt und politisch geführt. Am einfachsten ist das Reisen um den Great Slave Lake und im Yukon Territory, wo es

Straßen und eine touristische Infrastruktur gibt. Alle übrigen Regionen erreichen Sie nur per Flugzeug: die östliche Arktis am besten von Montréal aus, die westliche von Edmonton.

BAFFIN ISLAND

(145 F1) (🗺 H–K 2–3) Die 1500 km lange, baumlose Insel im Norden der Hudson Bay beeindruckt durch ihre grandiose Fjordküste und die 2000 m hohen, gletscherbedeckten Berge.

Ausgangspunkt für Touren ist stets die Hauptstadt von Nunavut: *Iqaluit* (6700 Ew.), das frühere *Frobisher Bay*.

Bild: Hundeschlitten im Yukon Territory

Eine fast endlose Wildnis: Kanadas Arktis gehört zu den letzten Naturparadiesen auf unserer Erde

Besichtigen sollten Sie außer dem *Nunatta Sunakkutaangit Museum* auch den *Qaummaarviit Historic Park,* eine Ausgrabungsstätte der über 1000 Jahre alten Thule-Kultur.

Das Inuitdorf **INSIDER TIPP** *Cape Dorset an der Westküste ist berühmt für seine Drucke und Skulpturen,* im Laden *West Baffin Coop (www.dorsetfinearts.com)* können Sie die schönsten Arbeiten betrachten. Im Osten der Insel liegt in einer spektakulären Landschaft der *Auyuittuq National Park* mit Gletschern, Bergen

und Wasserfällen (Wildniswanderungen von *Pangnirtung* aus). Auskunft: *Nunavut Tourism | Iqaluit | Tel. 866 6 86 28 88 | www.nunavuttourism.com*

DAWSON CITY

(142 B2) (*D3*) ⭐ ● Brettergehsteige und verwitterte Holzfassaden im Wildwestlook prägen das Stadtbild der le-

gendären Goldgräberstadt (2000 Ew.) – einst das Paris des Nordens.

Dawson City lebt heute vorwiegend vom Tourismus, aber in der Umgebung schürfen immer noch einige Unentwegte nach Gold.

SEHENSWERTES

HISTORISCHER BEZIRK

n der *Diamond Tooth Gertie's Gambling Hall* tanzen die Cancan-Girls, im *Palace Grand Theatre* werden Melodramen aufgeführt, in der ehemaligen Hütte von Jack London liest der wiederauferstandene Jack aus seinen Romanen, und im *Dawson City Museum (im Sommer tgl.*

LOW BUDG€T

▶ Völlig gratis ist das Spektakel der Nordlichter. Der magnetische Nordpol liegt im Norden Kanadas, deshalb ist die *Aurora borealis* hier besonders häufig – nur nicht bei Mitternachtssonne. Im August tanzen die Lichter dafür öfter über den Himmel.

▶ Der Kaffee in vielen *coffee shops* ist nicht immer toll, aber oft es gibt günstigen Lunch. Gutes Beispiel: das *Javaroma (5201 50 Ave. | Tel. 867 8 73 41 34)* in Yellowknife.

▶ Der deutsche Weltenbummler Dieter Reinmuth führt das nördlichste Hostel Kanadas: das *Dawson City River Hostel.* Für 18–22 $ gibt's im Sommer auf der ruhigen Westseite des Yukon River einfache Betten in Blockhütten und Zeltplätze. *Dawson City | Tel. 867 9 93 68 23 | www.yukonhostels.com*

10–18 Uhr | Eintritt 10 $) wird die große Ära der Goldgräber lebendig gehalten.

ZIELE IN DER UMGEBUNG

BONANZA CREEK (142 B2) (ⓜ D3)

In diesem Seitental des Klondike River (5 km außerhalb des Orts), wurde im August 1896 das erste Gold entdeckt. Schutthalden und eine riesige alte Goldwaschanlage, die *Dredge No. 4,* zeugen von den Anstrengungen der Goldgräber.

INSIDER TIPP ▶ DEMPSTER HIGHWAY
(142 B–C1–2) (ⓜ D–E2)

Über 700 km führt diese Wildnisstraße von Dawson City durch menschenleere Tundraregionen über den Polarkreis bis zur Inuitsiedlung *Inuvik* im Mackenzie-Delta.

WHITEHORSE

(142 B3) (ⓜ D3) Längs des Yukon River dehnt sich die geschäftige Hauptstadt (27 000 Ew.) des Yukon Territory.

Im *MacBride Museum* und im *Old Log Church Museum* können Sie die Blütezeit der Stadt um 1900 nacherleben, als Tausende von Goldsuchern mit Flößen und selbst gebauten Booten durch den Miles Canyon kamen, um zu den Goldfeldern am Klondike zu ziehen. Die „S.S. Klondike", ein nostalgischer, liebevoll restaurierter Schaufelraddampfer der Goldära, ist zu besichtigen. Info beim Visitor Centre des *Tourism Yukon (2nd Ave./Hanson St. | Tel. 800 6 61 04 94 | www.travelyukon.de).*

FREIZEIT & SPORT

KANOE PEOPLE ●

Komplette Ausstattung für Kanufahrten auf dem Yukon nach Dawson City,

Kanus, Zelte etc. Auch geführte Touren. *1147 1st Ave. | Tel. 867 6 68 48 99 | www. kanoepeople.com*

ZIELE IN DER UMGEBUNG

HAINES JUNCTION (142 B3) *(ⓜ D3)*
Der bergumrahmte Ort am Alaska Highway, 160 km von Whitehorse entfernt, ist Ausgangspunkt für Touren in den *Kluane National Park.* Hier, in den eisbedeckten St. Elias Mountains an der Grenze zu Alaska, liegt der *Mount Logan,* mit 5959 m der höchste Berg Kanadas.

NAHANNI NATIONAL PARK ⭐
(142–143 C–D3) *(ⓜ E3–4)*
Rund zwei Flugstunden mit einer kleinen Maschine entfernt liegt dieser Park für Wildwasserfreaks. Der South Nahanni River durchströmt auf 320 km Länge die Mackenzie Mountains, stürzt über die 90 m hohen *Virginia Falls* und schäumt durch bis zu 900 m tiefe Schluchten. Geführte Kanutouren und Expeditionen ab Whitehorse mit *Nahanni River Adventures (Tel. 867 6 68 31 80 | www. nahanni.com).*

YELLOWKNIFE

(143 E2) *(ⓜ F4)* **Vom** ❄ **Pilot's Monument bietet sich der beste Blick über die moderne Hauptstadt der Northwest Territories am Great Slave Lake.**
Viele der 19 000 Einwohner arbeiten in den beiden Goldbergwerken der Stadt oder an einem der erst um 1990 entdeckten Diamantenvorkommen der Umgebung. Im *Prince of Wales Northern Heritage Centre (im Sommer tgl. 10.30–17 Uhr | Hwy. 4 | Eintritt frei)* wird die Naturgeschichte und Kultur der Nordterritorien dokumentiert und Kunsthandwerk der Dene-Indianer und Inuit gezeigt.

Jenseits des Polarkreises: Inuitsiedlung Inuvik am Ende des Dempster Highway

Herzhafte Pionierküche und Karibusteaks gibt's im Blockhaus von *The Wildcat Café (3507 Wylie Rd. | Tel. 867 8 73 40 04 | €€).* Die INSIDER TIPP ▶ *Bathurst Inlet Lodge (10 Zi. | Tel. 867 8 73 25 95 | www. bathurstarctic.com | €€€),* eine Wildnislodge an der Eismeerküste, eignet sich hervorragend zur Tierbeobachtung.
Auskunft: *NWT Arctic Tourism | 4807 49th St. | Yellowknife | Tel. 867 8 73 72 00 | www.spectacularnwt.de*

⭐ **Dawson City**
Berühmtes Goldgräbernest am Klondike – eine ganze Stadt unter Denkmalschutz
→ S. 105

⭐ **Nahanni National Park**
Gewaltige Schluchten und Wasserfälle, die die Niagara Falls in der Höhe weit übertreffen → S. 107

MARCO POLO HIGHLIGHTS

AUSFLÜGE & TOUREN

Die Touren sind im Reiseatlas, in der Faltkarte und auf dem hinteren Umschlag grün markiert

1

DEN ST-LAURENT ENTLANG ZU DEN WALEN

Der St-Laurent ist der einstige Weg der Entdecker ins Herz Kanadas und seit Urzeiten Lebensraum der Wale. Östlich von Québec City wird der Fluss zur Meeresbucht mit nordischen Felsufern und Leuchttürmen. 3–5 Tage genügen für eine Schnuppertour ab Québec City – je nachdem, wie weit Sie auf der gut 800 km langen route 138 ostwärts fahren.

So viele Walarten wie im St-Laurent gibt es nirgends auf der Welt: Buckel-, Finn-, Blauwale und vor allem Belugas, jene schneeweißen Kleinwale, von denen mehrere Hundert das ganze Jahr über hier leben. Gute Beobachtungspunkte liegen am **Pointe-Noire** bei **Baie Ste-Cathérine**, um die Mündung des **Saguenay → S. 60** und am **Cap-de-Bon-Désir** bei **Grandes Bergeronnes**. Infozentren erläutern in Baie Ste-Cathérine und in **Tadoussac** die Lebensweise der Wale, bei Bootstouren erleben Sie die Tiere ganz nah, etwa mit *Croisières AML (Tel. 866 8 56 66 68 | www.croisieresaml.com)*.

Den Besuch bei den Walen können Sie als Teil einer längeren Rundfahrt oder als Kurztour von **Québec City → S. 55** aus planen. Zuerst geht es entlang der **Côte de Beaupré → S. 59** nach Nordosten auf der route 360/138. Hier trifft das Granitmassiv des Kanadischen Schilds auf den St-Laurent und sorgt für dramatische Urlandschaften, die sogar von

Bild: Yachthafen und Parlament von Victoria

Land der Trapper und Indianer: vier Touren voller Kontraste und spannender Erlebnisse – per Auto, Fähre oder Eisenbahn

der Unesco als Biosphärenreservat anerkannt wurden.

Von **Baie-St-Paul**, einem netten Künstlerort mit zahlreichen Galerien, empfiehlt sich ein Abstecher zum **INSIDER TIPP** Wandern ins bergige Binnenland: zum **Parc des Grand-Jardins**. Gleich nahebei liegt der **Parc du Haute Gorges**, wo spektakuläre Steilwände die lang gestreckten Seen am Rivière Malbaie flankieren (Kanuvermietung).

Bei der Weiterfahrt klettert die aussichtsreiche route 362 dann am rauen Nordufer des St-Laurent zu herrlichen Aussichtspunkten hoch. Schön als Abwechslung: ein Bootsausflug zur **Île aux Coudres** mit ihren verträumten Dörfern und alten Windmühlen. Ab **La Malbaie** beginnt das Revier der Wale, die vom Ufer, aber noch besser und mit fundierter Erläuterung auf einer Bootstour zu sehen sind.

Von **Tadoussac** folgt die route 138 dem immer weniger besiedelten Flussufer über **Baie-Comeau** → S. 46 nach Nordosten bis zum Mingan-Archipel. Stopps lohnen sich im Indianerreservat von **Papinachois** (Führungen), am Leuchtturm von INSIDER TIPP ▶ **Pointe-des-Monts** mit angeschlossenem Blockhütten-Inn *(17 Zi. | Tel. 418 9392332 | www.pointe-des-monts.com | €)* und in der Erzhafenstadt **Sept-Îles**, in der das von Indianern geführte Museum **Shaputuan** die Kultur des Innu-Volks zeigt. Auf der Rückfahrt können Sie von Baie-Comeau aus mit einer Fähre zum Südufer übersetzen und auf die reizvolle Halbinsel der **Gaspésie → S. 46** weiterfahren.

Endpunkt der Fahrt ist der alter Fischerort Havre-Saint-Pierre, dem der **Mingan-Archipel → S. 49** vorgelagert ist. Bizarre Kalksteinfelsen und eine reiche Tierwelt mit zahlreichen Walarten stehen hier im gleichnamigen Nationalpark unter Schutz.

② VON KÜSTE ZU KÜSTE: PER BAHN DURCH KANADA

Sie ist eine der ganz großen Bahnreisen dieser Welt, die 6309 km lange Fahrt von Halifax nach Vancouver quer über den Kontinent, durch unendliche Prärien, tiefe Wälder und über zackige Bergketten. Die reine Fahrzeit beträgt 5 Tage – mit einigen Stopps können es aber leicht 14 Tage werden. Beste Reisezeiten sind Sommer und Herbst, doch selbst im Winter ist die Tour ein großartiges Erlebnis.

Mit nur 80 km/h, etwas schneller im Osten, etwas langsamer im Westen, ruckelt schon seit 1885 die Canadian Pacific Railway (heute VIA-Rail) vom Atlantik zum Pazifik – ein gemächliches Natur- und Reiseerlebnis, bei dem Sie die immense Größe und Vielfalt Kanadas erfahren. Die kanadische Bahngesellschaft VIA-Rail ist für die dreimal pro Woche angebotene Tour gut gerüstet: Die Züge haben Schlafwagen und Liegewagen mit Dusche, Pa-noramawagen mit Glaskuppel, eine Bar und ein gutes Restaurant ganz im nostalgischen Stil der frühen Bahntage.

Farmen, Wiesen und Wälder säumen den Weg von **Halifax → S. 38** am Atlantik durch New Brunswick und Québec bis **Montréal → S. 49** – Umsteigen und Zeit für ein bis zwei Besichtigungstage. Dann fahren Sie weiter mit den modernen Korridorzügen nach **Toronto → S. 73**. Danach muss nicht mehr umgestiegen werden – die 4424 km langen Strecke bis **Vancouver → S. 96** bleibt es dieselbe Zug, dasselbe Schlafabteil. Einen Tag und eine Nacht Fahrt durch die Wälder und Seenplatten Ontarios, dann 20 Stunden brettebene Prärie und schließlich die Fahrt durch die **Rocky Mountains** und durch die Nacht bis zur Pazifikküste.

80 Stunden dauert die Nonstop-Strecke von Toronto nach Vancouver, doch einige Male sollten Sie auch hier aussteigen: in **Jasper → S. 95** für einen Aufenthalt in den Rockies, zu einem Lodge-Urlaub im Norden Ontarios oder zu einem Besuch in Prärieestädten wie **Saskatoon → S. 83** oder **Winnipeg → S. 84**. Und wenn Sie noch mehr Zug fahren wollen, können Sie von Winnipeg aus eine INSIDER TIPP Exkursion in den einsamen Norden unternehmen: 1700 km Fahrt (einfach!) bis nach **Churchill → S. 80** am Ufer der eisigen Hudson Bay.

③ ONTARIO: STÄDTE, SEEN UND WÄLDER

Die Metropole Toronto und das feine Ottawa, im Süden die donnernden Niagarafälle, im Norden die einsamen Seen des Algonquin-Parks und die Felsufer des Lake Huron, nicht zu vergessen die Indianerreservate, etwa auf Manitoulin Island: An Kontrasten mangelt es in Onta-

In Niagara-on-the-Lake säumen gepflegte historische Häuser die baumbestandenen Straßen

rio nicht. Die 2300 km lange Fahrt zeigt in 2–3 Wochen die schönsten Ecken der zweitgrößten Provinz Kanadas.

Die berühmteste Attraktion Ontarios kommt gleich am Anfang der Tour: die **Niagara Falls → S. 66**, nur zwei Stunden Autobahnfahrt südlich von **Toronto → S. 73**. Dann geht es auf Nebenstraßen weiter durch das Weinland um **Niagara-on-the-Lake → S. 68** und ins alte Stammesreich der Irokesen westlich von Hamilton. In **Brantford** zeigt das sehr gute Museum des **INSIDER TIPP** **Woodland Cultural Centre** (Mo–Fr 9–16, Sa/So 10–17 Uhr | 184 Mohawk St. | Eintritt 7 $) die Geschichte Kanadas aus der Perspektive der Indianer. Führungen durch das Reservat sind im Odrohekta Visitor Centre am Hwy. 54 östlich des Orts zu buchen.

Weiter auf Landstraßen: Durch das Siedlungsgebiet der deutschen Mennoniten um **Kitchener → S. 64** führt die Route nordwärts zur Georgian Bay. **Midland → S. 65** war dort einst ein wichtiges Siedlungszentrum der Huronen, wie mehrere gute Museen belegen. Lohnenswert:

ein Abstecher in den Vorort **Penetanguishene**, dessen Museumsdorf **Discovery Harbour** das Leben der weißen Soldaten und Siedler vor 200 Jahren illustriert. Zeit für einen Pausentag: an den Stränden von **Wasaga Beach → S. 66** oder – für Naturfans – in **Tobermory** auf der **Bruce Peninsula**. Im gleichnamigen Nationalpark warten stille Buchten mit glasklarem Wasser und Trails an der felsigen Küste des Lake Huron. Eine kurze Fährfahrt mit der „M.S. ChiCheemaun" (www.ontarioferries.com), dann ist **Manitoulin Island → S. 73** erreicht, die Insel der Ojibwa-Indianer (Museum in West Bay, im Sommer oft Tanzfeste).

Durch eine zerrissene Schärenlandschaft führt die Route weiter nach Norden und durch einsame Wälder auf dem **Trans-Canada Highway** zur Bergbaustadt **Sudbury → S. 73**. Schön für Wildnisfans: eine Kanutour im noch weitgehend unberührten und unbekannten **Killarney Provincial Park** südlich der Stadt (Bootsvermietung am Hwy. 637). Einen ganzen Tag verläuft die Route danach vorüber am Lake Nipissing bis **Huntsville** durch die typische Landschaft des Kanadischen Schilds: Wälder, kleine Seen und Granitfelsen so weit das Auge reicht. Hier stimmen alle Klischees – so stellt man sich Kanada vor.

Ähnlich wild bleibt die Szenerie im **Algonquin Provincial Park → S. 63**, wo Sie auf einer Kanutour bestimmt Elche und Biber zu sehen bekommen. Lassen Sie das Auto mal für einige Tage stehen, mieten Sie sich am **Opeongo Lake**, dem größten See im Park, ein Kanu und ziehen Sie in die Wildnis los. Am Seeufer warten zahlreiche schöne Zeltplätze. Kanu und Zeltausrüstung direkt am See bei *Opeongo Store & Water Taxi (Reservierung unter Tel. 613 6 37 20 75 | www.algonquinoutfitters.com).*

Zurück in die Zivilisation: Farmen und Apfelplantagen säumen den Hwy. 17 im Tal des Ottawa River. Nächster Stopp ist die Bundeshauptstadt **Ottawa → S. 68**, die mit ihren hervorragenden Museen und schönen Promenaden einen Tag Aufenthalt wohl verdient. Auf den Highways 416, 43 und 15 geht es entlang des INSIDER**TIPP** **Rideau Canal**, eines historischen, von der Unesco als Kulturerbe anerkannten Wasserwegs nach Süden durch die alte Kulturlandschaft von Upper Canada, wo im 18. Jh. die ersten Engländer siedelten.

Ziel und Endpunkt des Rideau Canal ist die historische Universitätsstadt **Kingston → S. 64** am Ausfluss des St. Lawrence aus dem Lake Ontario. Lohnenswert: eine Bootstour in die malerische Inselwelt der **Thousand Islands** stromabwärts von der Stadt. Je nach übriger Zeit kommen Sie dann über die Autobahn 401 am Nordufer des Lake Ontario schnell zurück nach **Toronto**. Oder Sie legen noch einige Stopps am Seeufer ein, z. B. an den breiten Stränden des **Presqu'ile Provincial Park**.

 FJORDE, WÄLDER UND WEISSE GIPFEL: WEST-KANADA

 Eine ideale Tour für Erstbesucher in Kanada. Alle großen Highlights des Westens liegen entlang des Wegs: die zerklüftete Pazifikküste ebenso wie der wilde Norden, die berühmten Nationalparks der Rocky Mountains und die sonnigen Seenplatten des Südens. Schönste Reisezeit für die 3700 km lange Rundfahrt: Juni bis Anfang Oktober. Zeitbedarf: 3–4 Wochen.
Von **Vancouver → S. 96** geht's los: Zuerst per Fähre in die elegante Provinzhauptstadt **Victoria → S. 101**, dann weiter über **Vancouver Island → S. 100** in den **Pacific Rim National Park** mit seinen wilden, von uralten Regenwäldern umsäumten Stränden. Dann folgt die Route dem Hwy. 19 in den Norden von Vancouver Island. Der Ort **Tofino** ist hier der beste Standort für einen Pausentag zu Wanderungen oder für eine Bootsfahrt im Wildnisschutzgebiet Clayoquot Sound. Mit etwas Glück kann man vom Boot nicht nur

Icefields Parkway: Knapp 300 km lang ist die Gletscherstraße der kanadischen Rockies

Wale, sondern bei Ebbe auch Bären an den Stränden beobachten. Nicht verpassen sollten Sie auf jeden Fall eine Tour zur Walbeobachtung ab **Port McNeill**.

Am nächsten Morgen: Einschiffung in **Port Hardy** zur Fahrt durch die legendäre ❄ **Inside Passage**, der alten Route der Goldgräber durch das Inselgewirr der Westcoast. Ein Tag zu Wasser, vorüber an glitzernden Fjorden und grünen Bergen. Oft sind von Bord der Fähre aus Wale, Robben und Weißkopfseeadler zu beobachten (*Reservierung bei www. bcferries.com*). Das Ziel **Prince Rupert** liegt im Reich der Tsimshian-Indianer, wie die Totempfähle in der Stadt und im örtlichen Museum zeigen. Das hervorragende North Pacific Cannery Museum im nahen Hafenort **Port Edward** illustriert die lange Geschichte der Lachsfischerei in dieser Region.

Weiter auf dem Hwy. 16 durch die **Yellowhead-Region → S. 103** entlang des Skeena River und durch unendliche Waldgebiete in die **Rocky Mountains**. Den Auftakt der Berge macht der von ewigem Eis umhüllte Gipfel des **Mount Robson**. Dann folgt im **Jasper National Park → S. 95** der ❄ **Icefields Parkway**, die berühmte Gletscherstraße der Rockies, ein Panoramatraum aus grünblauen Seen, Wasserfällen und steilen Bergwänden.

Planen Sie etwas Zeit ein für Wanderungen in der Bergwelt des **Banff National Park → S. 87** und für einen Abstecher hinaus in die Prärie nach **Calgary → S. 90**, der Metropole mit Westerncharme. Danach geht es auf dem **Trans-Canada Highway** weiter zum **Yoho National Park → S. 89** mit den höchsten Wasserfällen der Rockies und über **Golden** durch den **Glacier National Park → S. 95** nach **Revelstoke → S. 95**. Die letzte Etappe führt schließlich ins sonnige Interior von British Columbia: entlang der Seenkette des **Okanagan-Tals → S. 96**, vorüber an Weingütern und Obstplantagen. Dann noch ein letzter Pass über die **Coast Mountains**, ein letztes Stück Fahrt am Ufer des mächtigen Fraser River – und **Vancouver** hat Sie wieder.

SPORT & AKTIVITÄTEN

Kanada ist ein Land, in dem es namenlose Berge und Seen gibt, wo Flüsse noch nicht begradigt und Küsten noch nicht verbaut sind.

Kein Wunder, dass moderne Trendsportarten wie Seakayaking und Mountainbiking hier ideale Reviere finden. Doch auch traditionelle Sportarten kommen nicht zu kurz. Jedes Resort hat seinen Golfplatz und ein Fitnesscenter, wo Sie auch Infos zu weiteren Sportarten erhalten können.

ANGELN

Riesige Hechte, 40-pfündige Seeforellen und natürlich die Königslachse der Westküste – Kanada ist ein Anglerparadies. Allerdings kosten exklusive *fishing lodges* für Lachsfischer 3000 $ und mehr pro Woche. Hobbyangler dürfen dagegen mit einer in Sportgeschäften und Lodges erhältlichen Lizenz (20–100 $) überall in den Seen nach Forellen und Äschen *(grayling)* fischen.

BIKING

Die besten Reviere für Radtouren sind im Osten Kanadas *Prince Edward Island, Cape Breton Island,* die *Gaspé-Halbinsel* und in Südontario die Region um *Kitchener.* Im Westen eignen sich die *Gulf Islands,* die *Rockies* sowie auch das *Okanagan-Tal* mit herrlichen *biketrails,* etwa auf der alten Bahntrasse im *Kettle Valley.* Radvermieter finden Sie in den meisten Städten *(15–35 $/Tag, 50–150 $/Woche).*

Bild: Rafting am Thompson River

Aktivurlaub mit Traumkulisse: Für alle Outdoor-Sportarten bietet Kanada das ideale Terrain – herrliche Aussichten inklusive

Das ultimative Mountainbikergebiet ist der *Whistler Mountain Bike Park (Whistler Mountain | Tel. 866 2 18 96 90 | www. whistlerbike.com):* Sommerlifte und 1200 m Höhenunterschied. Mitte Juli und Anfang August treffen sich die *rider* zu mehreren Wettbewerben.
Freewheeling Adventures (Lunenburg | Nova Scotia | Tel. 902 8 57 36 00 | www. freewheeling.ca) organisiert mehrtägige Radtouren durch Nova Scotia und die Rockies. *MacQueen's (430 Queen St. | Charlottetown | Tel. 902 3 68 24 53 | www. macqueens.com)* vermietet Räder und macht Touren auf Prince Edward Island.

GOLF

Golf ist in Kanada ein Massensport. Die meisten Golfplätze sind öffentlich, günstig (Greenfees 40–100 $), und man benötigt keine Platzreife. Eine Provinz wie Alberta hat mit 275 Plätzen sogar mehr Greens als eine Golfhochburg wie Arizona. Zu den schönsten (und teuersten) Plätzen zählen am Atlantik die am *Cabot Trail* oder in *St. Andrews,* im Westen werden die *courses* der *Rocky Mountains,* etwa die legendären Fairmont-Plätze in *Banff* oder *Jasper,* weltweit gerühmt. Details unter: *www.canadagolfguide.com, www. golftherockies.net , www.golfcanada.ca*

KANU & BOOT FAHREN

Nichts ist schöner, als mit Kanu oder Kajak auf den Spuren der Trapper übers Wasser zu gleiten. Kein Problem, denn Lodges und Outfitters quer durchs Land vermieten Boote und geben Tipps. Immer beliebter werden Seekajaktouren in *Nova Scotia* und im Insellabyrinth vor der *Westküste* sowie Schlauchboottouren auf den Flüssen im Landesinnern. Info-Website mit vielen Tipps zum Kanufahren auf den Seenplatten Ontarios: *www. paddlingontario.com*

Canadian River Expeditions (Whitehorse | Tel. 867 6683180 | www. nahanni.com) organisiert ein- bis zweiwöchige Schlauchboottouren auf dem wegen seiner dramatischen Canyons legendären *Tatshenshini River* und anderen Wildnisflüssen. Mehrtägige geführte Kanutrips in den *Rockies* und andere Aktivtouren veranstaltet **INSIDER TIPP** *Timberwolf Tours (Alberta | Tel. 780 4704966 | www.timberwolftours.com).* Ein ideales Kajakrevier sind die wenig bekannten *Broken Group Islands* im Pacific Rim National Park, wo *Batstar Adventure Tours (Port Alberni | Tel. 250 7242050 | www. batstar.com)* vier- bis fünftägige Paddeltouren organisiert.

REITEN

Vor allem im Westen Kanadas, abseits der Highways, lässt sich das Hinterland per Pferd erkunden. *Trailriding* steht dann auf dem Schild der Ranch oder des Outfitters. Die Pferde sind meist lammfromm, geritten wird im bequemen Westernsattel. Sie können kurzfristig buchen oder sich auf einer der Ranches für den Urlaub einmieten *(www.bcguestranches.com, www. albertacountryvacation.com).* Wer länger zu Pferd in die Wildnis ziehen will, kann sich bei Outfitters und Ranches nach Packtrips erkundigen. In den Bergen von British Columbia z. B. mit *Chilcotin Holidays (Gun Creek Road | Gold Bridge | Tel. 250 2382274 | www.chilcotinholidays. com).*

Eine gepflegte, von Schweizern geführte Blockhüttenlodge (auch Camping) mit Reitprogramm und anderen Aktivitäten ist die **INSIDER TIPP** *Ten-ee-ah Lodge (Lac La Hache | Tel. 250 4349745 | www. ten-ee-ah.bc.ca).*

SEILGÄRTEN & ZIPLINING

Klettern, springen, eigene Grenzen testen und dabei viel Adrenalin durch die Adern jagen: Überall in Kanada entstehen in den letzten Jahren Klettergärten und Abenteuerspielplätze für Erwachsene (Kids dürfen aber auch mitmachen). Sehr beliebt ist Ziplining, bei dem man über Canyons und Bäche oder zwischen den Bäumen im Wald an einem Stahlseil hängend durch die Luft saust. Dazu gibt es Kletter- und Hochseilgärten – oft in schönster Natur. Alles gut abgesichert und garantiert mit hohem Spaßfaktor. Einen Überblick verschaffen die Seiten *www.ziplinerider.com* und *www.wildplay. com.*

TAUCHEN

Etwas Erfahrung ist nötig für Tauchgänge in den kalten, aber superklaren Gewässern des Nordens (Trockenanzug empfehlenswert). Doch es gibt Spektakuläres zu sehen: Seesterne, riesige Hummer, Kaltwasserkorallen und gut erhaltene Schiffswracks. Die schönsten Reviere: *Nova Scotia,* die *Bruce Peninsula* im Lake Huron und die *Strait of Georgia* am Pazifik. Eine gute Basis für Tauchgänge vor Vancouver Island ist gegenüber dem Hafen von Nanaimo der *Buccaneer Inn (Nanaimo | Tel. 250 7 53 12 46 | www.divingbc.com).* Infostelle für Taucher auf der Bruce Peninsula: *Tobermory Visitors Guide (3 Bay St. | Tobermory | Tel. 519 5 96 23 63 | www.thebrucepeninsula.com/scuba.html).*

WANDERN

Das weite Hinterland in Kanada ist zumeist weglose Wildnis. *Trails* werden nur in den Parks angelegt. Bei den *wardens* der Visitor Centres bekommen Sie Karten und Tipps für die schönsten Pfade. Gute Wegenetze bieten vor allem die *Rockies* sowie im Osten *Cape Breton Islands* und *Fundy National Park.* Schön ist es auch, irgendwo ein Stück des neuen, 18 000 km langen *Trans-Canada Trail* zu erwandern *(www.tctrail.ca).*

WINTERSPORT

Schneemobilfahren, Schneeschuhwandern, Eisfischen – die Kanadier haben sich mit ihrem Winter gut arrangiert. Touristen kommen vor allem wegen des legendären Pulverschnees der *Rockies,* zu finden in Skiresorts wie *Banff, Lake Louise, Jasper* oder *Fernie.* Größtes Pistenrevier ist aber der Olympiaort *Whistler* an der Westküste. Gute Skifahrer können sich zudem in den einsamen Bergen von *Zentral-British-Columbia* den Traum vom Heliskiing erfüllen. So ist *Mike Wiegele Heliskiing (Blue River | Tel. 250 6 73 83 81 | www.wiegele.com)* ein Mekka der Tiefschneefans mitten in den Cariboo-Bergen. Eine schöne Winterlodge nahe dem Algonquin Provincial Park ist das *Blue Water Acres Resort (Huntsville | Tel. 705 6 35 28 80 | www.bwacres.com).*

Höhenflug eines Snowboarders im Skigebiet von Lake Louise

MIT KINDERN UNTERWEGS

ATLANTIKKÜSTE

MINER'S MUSEUM (147 E5) (*N6*)
Auf Cape Breton Island werden Führungen in einem historischen Kohlebergwerk angeboten, das bis unter den Meeresboden reicht. *Tgl. 10–18, im Winter Mo–Fr 9–16 Uhr | Glace Bay | Eintritt 12 $, Kinder 10 $, Familien 28 $ | www.miners museum.com*

SHUBENACADIE RIVER ADVENTURE TOURS (147 D5) (*M6*)
Raftfahrten mit der ganzen Familie auf den meterhohen Gezeitenwellen des Shubenacadie River an der Bay of Fundy. Großen Spaß macht auch das Schlammrutschen! *10061 Hwy. 215 | 3-Std.-Tour 80 $, Kinder 75 $ | South Maitland | Tel. 902 2 61 22 22 | www.shubie.com*

QUÉBEC

CENTRE DES SCIENCES (146 C5) (*L7*)
Ein gutes Hightechmuseum mit vielen Möglichkeiten zum Experimentieren. Englisch- oder Französischkenntnisse der Eltern sind nötig. *Tgl. 9–16 Uhr | Quai King Edward | Montréal | Eintritt 11,50 $, Familien 36,50 $ | www.centredessciences demontreal.com*

LA RONDE (146 C5) (*L7*)
Vergnügungspark auf einer Insel mitten im St-Laurent bei Montréal. Achterbahnen, Turmspringer- und Marionettenshows. *Mitte Juni–Anfang Sept. tgl. 11–21 Uhr | Île Ste-Hélène | Eintritt 43 $, Kinder 34 $ | www.laronde.com*

ZOO SAUVAGE DE ST FÉLICIEN (146 C4) (*L6*)
Naturnah angelegter Wildpark mit vielen kanadischen Tierarten in schönen Freigehegen. *Im Sommer tgl. 9–20 Uhr | 2230 boul. du Jardin | St-Félicien | Eintritt 40 $, Kinder 26,50 $ | www.zoosauvage.org*

ONTARIO

CHILDREN'S MUSEUM (146 B5) (*L7*)
Puppenstuben, Spielzeug aus aller Welt und ein Bus aus Pakistan. *Tgl. 9–18, Sa/So ab 9.30, Do bis 20, im Winter bis 17 Uhr | 100 rue Laurier | Ottawa/Gatineau | Eintritt 12 $, Familien 30 $ | www. civilization.ca*

DISCOVERY HARBOUR (146 B5) (*K7*)
Ein alter Hafen als maritimes Mitmachmuseum. *Juni–Sept. 10–17 Uhr | Pene-*

Zu Besuch bei Bären und Elchen: Angeln, Tiere sehen, grillen am Lagerfeuer – für Kinder ist Kanada ein Abenteuerspielplatz

tanguishene/Midland | Eintritt 7 $, Kinder 5,25 $ | www.discoveryharbour.on.ca

MARINELAND CANADA
(146 B6) (*W K8*)

Ozeanarium mit Wal- und Delphinshows, Aquarien, Streichelzoo und Achterbahnen. *Ende Juni–Anfang Okt. tgl. 9–17 bzw. 18 Uhr | Niagara Falls | Eintritt 43 $, Kinder 36 $ | www.marinelandcanada.com*

DER WESTEN

ALPINE RAFTING (143 E5) (*W E6*)

Rafttouren auf dem Kicking Horse River in den Rockies; Family Whitewater schon ab 4 Jahren. *1416 Goldenview Rd. | Golden | Tel. 888 5 99 52 99 | www.alpinerafting.com*

BUFFALO NATIONS MUSEUM
(143 E5) (*W E6*)

Nachgestellte Szenen aus dem Leben der Indianer. Dazu Federschmuck basteln oder Tipis bauen. *Tgl. 9–19, im Winter*

13–17 Uhr | 1 Birch Ave. | Banff | Eintritt 6,75 $, Kinder 4,50 $

INSIDER TIPP ▶ KIDS MARKET
(143 D6) (*W D6*)

Ein Lagerhaus voller Spielzeug und anderer Verlockungen – und ein Modelleisenbahnmuseum gegenüber. *Tgl. 10–18 Uhr | Granville Island | Vancouver | www.kidsmarket.ca*

WILD PLAY NANAIMO
(143 D6) (*W D6*)

Aktivspielplatz für Erwachsene und Kinder: Bungeesprünge, Ziplining, Hochseilklettergarten – alles mit großem Adrenalinkick. *35 Nanaimo River Rd. | Nanaimo | Preise 25–150 $ | www.wildplay.com*

ZOO & PREHISTORIC PARK
(143 F5) (*W E6*)

Elche, Bären, Tiger und dazu ein *Jurassic Park* mit gut 20 lebensgroßen Dinosauriern. *Tgl. 9–17 Uhr | 1300 Zoo Rd. NE | Calgary | Eintritt 21 $, Kinder 13 $*

EVENTS, FESTE & MEHR

Neben großen Sommerevents wie dem Stratfords *Shakespeare Festival* und dem *Shaw Festival* in Niagara-on-the-Lake hat jedes Dorf eigene Anlässe zum Feiern: Holzfällerwettbewerbe, Rodeos und indianische *powwows* (Tanzfeste) im Westen, Hummer-, Folklore- und Musikfeste im Osten (Infos in den Visitor Centres).

OFFIZIELLE FEIERTAGE

1. Jan.; Karfreitag; Ostermontag; Montag vor dem 25. Mai *Victoria Day, Jour de la Reine* (Sommersaisonbeginn); **24. Juni** *Johannistag* (Québec); **1. Juli** *Canada Day, Fête du Canada*; **1. Montag im Aug.** *Provinzfeiertag* (außer Québec und Neufundland); **1. Montag im Sept.** *Labour Day, Fête du Travail* (Sommersaisonende); **2. Montag im Okt.** *Thanksgiving, Action de Grâce*; **11. Nov.** *Remembrance Day*; **25./26. Dez.** *Christmas/Boxing Day*

FESTE UND FESTIVALS

FEBRUAR
Vancouver: ▶ *Chinesisches Neujahrsfest*, Masken, Feuerwerk und große Parade
Québec City: ▶ ⭐ *Carnaval d'Hiver*, Kostümparade und Bootsrennen auf dem Sankt Lorenz, meist erste Monatshälfte

Ottawa: ▶ *Winterlude*, Schlittschuhfest und Eisskulpturen
Whitehorse: ▶ *Sourdough Rendezvous*, Goldgräberwinterfest zu Beginn oder am Ende des 1600 km langen Schlittenhunderennens ▶ *Yukon Quest (www.yukonquest.info)*

MAI
Victoria: Am ▶ *Victoria Day* Kostümparade, Konzerte und Oldtimerrennen
Ottawa: ▶ *Canadian Tulip Festival,* erste Maihälfte, Frühlingsfest mit Konzerten und Millionen von Tulpen

JUNI
Vancouver: Die Chinesen feiern Mitte des Monats das ▶ *Dragon Boat Festival*.
Toronto: Bei der ▶ *Pride Week (www.pridetoronto.com)* Ende Juni treffen sich Schwule und Lesben aus ganz Kanada.
Montréal: Zum ▶ *International Jazz Festival (www.montrealjazzfest.com)* von der letzten Juniwoche bis Anfang Juli kommen mehr als 1000 Musiker.

JULI
Flaggen überall, Picknicks, Paraden, Konzerte und Straßenfeste: Am ▶ ⭐ *Canada Day,* dem 1. Juli, feiert das ganze Land, in Williams Lake sogar mit Rodeo.

Eisfeste und Rodeos: Der Sommer ist die Zeit der Festivals, doch die Kanadier feiern auch bei Eiseskälte

Shediac: Fünf Tage dreht sich Anfang des Monats beim ▶ *Lobster Festival* alles um das leckere Krustentier.

Calgary: Sogar aus Australien reisen in der ersten Monatshälfte die Profi-Cowboys an, um bei der ▶ *Calgary Stampede (www.calgarystampede.com)*, dem weltgrößten Rodeo, mitzumachen.

Québec City: ▶ *Festival d'Été (www.info festival.com)*, zwei Wochen lang Theater und Konzerte – das größte französischsprachige Kulturereignis in Nordamerika

Toronto: Karibisches Lebensgefühl bei der ▶ INSIDER TIPP *Caribana (www.caribana toronto.com)* Mitte Juli mit farbenprächtiger Parade

AUGUST

Manitoulin Island: ▶ ⭐ *Wikwemikong Indian Powwow (www.wikwemikong heritage.org)* mit Musik und Tänzen der Ojibwa und anderer Stämme

Lethbridge: ▶ INSIDER TIPP *Whoop-up Days*, Rodeo und Westernvolksfest in der Monatsmitte

Squamish: ▶ ⭐ *Squamish Days*, erstes Wochenende Holzfällerfest

Digby: ▶ *Annual Scallop Days*, Festwoche der Jakobsmuscheln

Whistler: Mitte August findet das große Mountainbike-Fest ▶ *Crankworx (www. crankworx.com)* mit internationaler Starbesetzung statt.

Winnipeg: ▶ *Folklorama (www.folklo rama.ca)*, zwei Wochen mit Musik und Nationalgerichten der Immigranten

Dawson City: ▶ *Discovery Days*, um den 17. August feiert die Stadt den ersten Goldfund im Yukon.

Toronto: ▶ *Canadian National Exhibition*, Kanadas größter Jahrmarkt in der zweiten Monatshälfte

SEPTEMBER

Trois-Rivières: am ersten Wochenende traditionelles ▶ *Kanurennen* (193 km)

St. Catharines: ▶ *Niagara Grape and Wine Festival (www.niagarawinefestival. com)*, Erntefest, Weinprobe und Parade zur Monatsmitte

ICH WAR SCHON DA!

Vier User aus der MARCO POLO Community verraten ihre Lieblingsplätze und ihre schönsten Erlebnisse.

MAHONE BAY AM ATLANTIK

Am Ortseingang steht frei übersetzt: „Wir lieben die Schönheit, die uns umgibt, und laden dich ein, sie mit uns zu teilen." Besser könnte man die kleine Stadt zwischen Lunenburg und Halifax in Nova Scotia mit ihren idyllischen kleinen Häusern aus der Kolonialzeit, Antiquitäten- und Souvenirshops nicht beschreiben. Unbedingt empfehlenswert ist es, vor dem Ortseingangsschild links abzubiegen und auf die Landzunge zu fahren, die der Stadt genau gegenüberliegt. Der zauberhafte Blick auf die drei Kirchen von Mahone Bay ist ein echtes Highlight. **Renate aus Ascheberg**

MAGNETIC HILL IN MONCTON

Physik auf den Kopf gestellt! Man fährt einen Hügel hinunter, am Ende des Gefälles kuppelt man aus, lässt die Bremse los, und das Auto fährt alleine rückwärts bergauf. Unmöglich? Nicht wirklich. Wir haben es erlebt – auf dem *Magnetic Hill* in Moncton in New Brunswick, Kanada. Absolut eine Reise wert! **RBE aus Herbern**

INDIANERROMANTIK IN VANCOUVER

Im *Stanley Park* nordwestlich von Downtown Vancouver findet man nicht nur eine der längsten freitragenden Hängebrücken der Welt, sondern auch einen beeindruckenden Totempark der Algonquin-Indianer. Jeden Tag führen Stammesmitglieder indianische Tänze auf und erzählen viel über ihre Kultur. **Norbert aus Werne**

GENIESSERTIPP – HERSHEY'S IN NIAGARA FALLS

Man sollte weder hungrig noch auf Diät sein, wenn man die Schokoladenfabrik *Hershey* in Niagara Falls besucht. Schon an der Tür wird man mit Schokolade empfangen und an jeder Theke gibt es Gratiskostproben – probieren Sie die Fudge-Kreationen! Kleine Videofilme informieren über die Herstellung. **Verena aus Dortmund**

Haben auch Sie etwas Besonderers erlebt oder einen Lieblingsplatz gefunden, den nicht jeder kennt? Gehen Sie einfach auf www.marcopolo.de/mein-tipp

LINKS, BLOGS, APPS & MORE

LINKS

▶ www.meinkanada-reiseplaner.de Informative, gut gemachte Website mit vielen Kanada-Reisetipps von Journalisten. Links zu Videos und zeitweise sehr ausführlichem Blog zu aktuellen Zielen quer durchs Land

▶ www.weatheroffice.gc.ca Der offizielle kanadische Wetterdienst bietet Satellitenbilder, Regenradar – und verblüffend präzise Vorhersagen für fast jeden noch so kleinen Ort des Riesenlands

▶ www.parkscanada.ca Umfangreiche englische Website der Nationalparks mit detaillierten Beschreibungen der einzelnen Schutzgebiete. Dazu Videos, 3-D-Darstellungen und Sonderseiten z. B. über Tierwanderungen oder Geo-Caching

▶ www.thegridto.com und www.montrealmirror.com Gute Tipps für Restaurants, Szeneviertel, Veranstaltungen und Musikclubs vom angesagten Stadtmagazin in Toronto bzw. Montréal. Das entsprechende Magazin in Vancouver: www.straight.com

▶ www.marcopolo.de/kanada Alles auf einen Blick zu Ihrem Reiseziel: interaktive Karten inklusive Planungsfunktion, Impressionen aus der Community, aktuelle News und Angebote ...

BLOGS & FOREN

▶ www.blogto.com Aktuelle Festivals, Happenings, Restaurantkritiken, News aus der Kunst- und Musikszene und andere Kulturinfos bietet dieser Blog von einer unabhängigen Gruppe von „Torontonians". Einen relativ ähnlichen Blog gibt es auch zu Montréal: www.midnightpoutine.ca

▶ kanada.siteboard.eu Deutschsprachiges Kanadaforum für Urlauber und Auswanderer mit Reiseberichten und Tipps

▶ music.cbc.ca/#/radio3/blogs Alles über Musik aus und in Kanada, Indiebands und Mainstream, ziemlich aktuell und mit Tipps zu Konzerten

Egal, ob Sie sich auf Ihre Reise vorbereiten oder vor Ort sind: Mit diesen Adressen finden Sie noch mehr Informationen, Videos und Netzwerke, die Ihren Urlaub bereichern.

VIDEOS

▶ www.nfb.ca Umfangreiche Filmsammlung des National Film Board in Kanada. Sehr gute Dokumentar- und Kurzfilme. Auch als App für Tablets.

▶ www.muchmusic.com Musikvideos und Interviews mit kanadischen Pop- und Rockstars vom wichtigsten Musiksender des Landes

▶ www.cbc.ca/north Was tut sich so im Winter in der Arktis? Oder im Sommer? Kurze Filme, Fotos und englische Nachrichtenbeiträge des regionalen Senders schildern das Leben in Yukon und den Northwest Territories

▶ www.5min.com Umfangreiche Videopedia mit zahlreichen Kurzfilmen über Kanada – gelistet unter *travel* und einer Suche unter dem jeweiligen Provinz- oder Ortsnamen

APPS

▶ Visit Vancouver und See Toronto Führungen durch die Stadt, interaktive Restaurantauswahl, aktuelle Veranstaltungen, Fotos und Videos

▶ Live Nation Auskunftsstelle und Ticketzentrale für Konzerttouren großer Stars und Clubs und Konzertbühnen in Vancouver oder Calgary. App für iPhone und Android, mit Facebookdienst, Details unter www.livenation.com

▶ OpenTable Nützliche App für Restaurantreservierungen, gute Auswahl vor allem in den Städten. Lokalreservierungen sind auch ganz kurzfristig am selben Abend noch möglich

NETWORK

▶ www.flickr.com/photos/tags/canada Die in Vancouver erfundene Fotobank bietet zahlreiche Gruppen, die alle touristischen Regionen und Themen abdecken. Bilder kann man an Freunde weiterleiten

▶ www.airbnb.com Buchungszentrale für Gästehäuser und Privatunterkünfte in vielen Orten Ostkanadas. Die Preise liegen meist bei 30–120 $ pro Nacht

▶ www.9flats.com Von privat vermietete Unterkünfte, meist in den größeren Städten. Auch Häuser, Apartments etc. für mehrere Tage

PRAKTISCHE HINWEISE

ANREISE

Air Canada/Lufthansa bieten täglich Flüge ab Frankfurt nach Ost- und Westkanada sowie ab München nach Toronto und Montréal an. Chartergesellschaften wie *Air Berlin (LTU)*, *Condor* und die kanadische Linie *Air Transat* verkehren zur Hochsaison im Wochentakt. Direktflüge (nach Toronto ca. 8 Std. Flugdauer, nach Vancouver rund 11 Std.) sind besonders bei Reisen an die Westküste zu empfehlen. Zur Hauptreisezeit Juli/August sollten Sie die Transatlantikstrecke möglichst frühzeitig reservieren.

Die wichtigsten kanadischen Flughäfen für die Einreise von Europa sind Toronto, Montréal und Halifax im Osten sowie Vancouver, Calgary und Whitehorse im Westen. Taxis und Airportbusse in die Innenstadt sind überall verfügbar. Die großen Mietwagenfirmen *Hertz*, *Avis* und *National/Alamo* sind an allen Flughäfen vertreten. Bei einer Wohnmobilreise empfiehlt es sich, die erste Nacht im Hotel zu verbringen. Dort werden Sie am nächsten Morgen vom Vermieter abgeholt – fit und ausgeschlafen für die erste Fahrt mit dem ungewohnten Gefährt.

AUSKUNFT

Das Kanadische Fremdenverkehrsamt informiert unter *www.canada.travel* sehr ausführlich und deutschsprachig über das Land, Attraktionen und Aktivitäten – mit Videos, Facebookkonto und vielen Links. Weitere Informationen, Broschüren und Karten versenden die deutschen Vertretungen der einzelnen Regionen: Alberta, British Columbia, Northwest Territories, Yukon, Ontario und Saskatchewan: *Tel. (*) 01805 52 62 32 | info@ infokanada.de | www.travelalberta.com, www.britishcolumbia.travel, www.specta cularnwt.de, www.travelyukon.de, www. sasktourism.com, de.ontariotravel.net* Québec: *www.bonjourquebec.com* Nova Scotia: *Schwarzbachstr. 32 | 40822 Mettmann | Tel. 02104 79 74 54 | nova scotia@travelmarketing.de*

GRÜN & FAIR REISEN

Auf Reisen können auch Sie mit einfachen Mitteln viel bewirken. Behalten Sie nicht nur die CO_2-Bilanz für Hin- und Rückflug im Hinterkopf *(www.atmosfair.de)*, sondern achten und schützen Sie auch nachhaltig Natur und Kultur im Reiseland *(www. gate-tourismus.de; www.zukunft- reisen.de; www.ecotrans.de)*. Gerade als Tourist ist es wichtig, auf Aspekte zu achten wie Naturschutz *(www. nabu.de; www.wwf.de)*, regionale Produkte, Fahrradfahren (statt Autofahren), Wassersparen und vieles mehr. Wenn Sie mehr über ökologischen Tourismus erfahren wollen: europaweit *www.oete.de*; weltweit *www.germanwatch.org*

AUTO

Der nationale Führerschein ist für Reisen bis zu drei Monaten ausreichend (im Yukon Territory: 1 Monat). In allen Provinzen besteht Anschnallpflicht. Die Höchstgeschwindigkeit beträgt auf Fernstraßen meist 80 oder 100 km/h, in Orten 50 km/h und auf Autobahnen max. 110 km/h. Die Verkehrsregeln gleichen denen in Europa. Besonderheiten: An Ampeln dürfen Sie auch bei Rot nach rechts abbiegen und auf mehrspurigen Straßen rechts überholen, jedoch dürfen Schulbusse mit eingeschalteter Warnblinkanlage nicht passiert werden – auch nicht aus der Gegenrichtung.

Der kanadische Automobilclub *CAA* hilft auch Mitgliedern ausländischer Clubs (*Notruf 800 2 22 43 57*).

B & B & FERIENAPARTMENTS

Blockhütten am Meer oder in den Wäldern, viktorianische Villen als B & B-Frühstückspensionen, City-Apartments und gemütliche Landsitze zum Haustausch: Die Auswahl an Unterkünften jenseits der regulären Hotels ist vielfältig. Sehr leicht und auch kurzfristig sind B & B-Unterkünfte zu bekommen, die oft die Infozentren der Orte vermitteln oder Websites wie *www.bbcanada.com* oder *www.canadianbandbguide.ca*. Beliebt sind zudem Ferienhäuser oder Wohnungen für eine Woche oder länger, wie sie vor allem in der Muskoka-Seenregion nördlich von Toronto oder am Meer in den Atlantikprovinzen vermietet werden. Zu finden auf Website wie *www.cottagesincanada.com* oder *www.vrbo.com/vacation-rentals/canada*. Und wenn Sie Ihr eigenes Haus in Europa Kanadiern zum Tausch anbieten wollen, werden Sie auf folgenden Seiten fündig: *www.homeexchange.com* oder *www.homelink.org/canada*.

BUS & BAHN

Greyhound und mehrere regionale Buslinien (z. B. *Voyageur*) verbinden alle größeren Orte miteinander. Auskünfte bei den Reisebüros und unter *www.greyhound.ca*. Ein beliebtes Busunternehmen für Backpacker und junge Leute ist *Moose Travel Network (www.moosenetwork.com)*.

Per Zug ist Kanada besonders schön auf der legendären *Trans-Kanada-Route* von Toronto nach Vancouver mit *VIA-Rail* sowie mit dem *Rocky Mountaineer (www.rockymountaineer.com)* von Calgary über Banff bzw. von Jasper aus nach Vancouver (Achtung: mehrere Monate vorab reservieren).

VIA-Rail bietet einen *Canrail-Pass* für ihr gesamtes Bahnnetz; erhältlich in Deutschland und in der Schweiz bei *CRD International (Stadthausbrücke 1–3 | 20355 Hamburg | Tel. 040 30 06 16 70 | www.viarail.ca, www.crd.de)* sowie in Österreich bei *Canadareisen.at (Buchberggasse 34 | 3400 Klosterneuburg | Tel. 02243 2 59 94 | www.canadareisen.at)*.

CAMPING

Die öffentlichen Campingplätze sind die schönsten: Sie liegen naturnah an Seen und in den Nationalparks, sind mit Feuerstelle, Holzbänken, Wasserpumpe und Plumpsklo einfach ausgestattet und kosten die Nacht 10–30 $. Private, oft recht luxuriöse Plätze mit heißen Duschen, Pool und Laden finden Sie am Rand der Städte und außerhalb der Parks (15–45 $). Wildes Campen ist nur in den Nationalparks verboten, wird aber in dichter besiedelten Gebieten nicht gern gesehen. Campingplätze in Nationalparks können vorab reserviert werden unter *www.pccamping.ca*. Und an dieser Stelle nochmals die Warnung vor Bären:

Alle Lebensmittel sollten Sie geruchsdicht im Auto verstauen oder – beim Zelten in der Wildnis – mindestens 4 m hoch an einen Baum aufhängen.

DIPLOMATISCHE VERTRETUNGEN

DEUTSCHE BOTSCHAFT
1 Waverley St. | Ottawa | Tel. 613 2 32 11 01 | www.ottawa.diplo.de

ÖSTERREICHISCHE BOTSCHAFT
445 Wilbrod St. | Ottawa | Tel. 613 7 89 14 44 | www.austro.org

SCHWEIZER BOTSCHAFT
5 Marlborough Ave. | Ottawa | Tel. 613 2 35 18 37 | www.eda.admin.ch/canada

Bei Passverlust und in Notfällen können Sie sich auch an die Generalkonsulate in Montréal, Toronto oder Vancouver wenden.

EINREISE

Für Deutsche, Österreicher und Schweizer genügt ein gültiger Reisepass zur Einreise. Im Flugzeug muss nur eine Zollerklärung ausgefüllt werden. Auch Abstecher in die USA, etwa nach Seattle, Detroit oder auf die amerikanische Seite der Niagarafälle, sind ohne US-Visum möglich. Vorgeschrieben ist dafür aber ein maschinenlesbarer, roter Pass (ab Oktober 2006 ausgestellte Pässe mit Datenchip). Kinder brauchen einen eigenen Reisepass.

Interessant für junge Leute bis 35 Jahre: Auf Antrag gibt es bei der kanadischen Botschaft ein zwölf Monate gültiges Work-&-Travel-Visum mit der Möglichkeit, in Kanada zu arbeiten. Weitere Infos erhalten Sie unter *www.canadainternational.gc.ca*.

GELD & DEVISEN

Landeswährung ist der kanadische Dollar (1 kan $ = 100 ¢). Es gibt Banknoten zu 5, 10, 20, 50 und 100 $ sowie Münzen zu 1 ¢ *(penny)*, 5 ¢ *(nickel)*, 10 ¢ *(dime)*, 25 ¢ *(quarter)* sowie zu 1 $ und 2 $.

Die Banken sind meist *Mo–Fr 10–15 Uhr* geöffnet. Sie lösen Reiseschecks (ausgestellt auf kan $) ein, wechseln aber keine europäischen Währungen. Die Reisekasse sollten Sie auf mehrere Zahlungsmittel verteilen: ca. 100 $ Bargeld für die Ankunft, eine Kreditkarte für den Großteil der täglichen Ausgaben. Visa- oder Euro-/Mastercard werden in Kanada selbst für kleine Beträge überall akzeptiert. Dazu kommt noch eine EC-Karte, mit der Sie an den meisten Geldautomaten (in Kanada ATM) Bargeld ziehen können.

Zur Sicherheit können Sie noch einige Hundert Dollar in Reiseschecks mitnehmen (sie werden überall in Läden und Restaurants angenommen, und man erhält als Wechselgeld Bares zurück).

GESUNDHEIT

Die ärztliche Versorgung ist sehr gut, aber teuer. Schließen Sie unbedingt eine Auslandskrankenversicherung ab! Medikamente gibt's in der *pharmacy* und im *drugstore*.

INLANDSFLÜGE & FÄHREN

Am besten ist es, Inlandsflüge mit *Air Canada* bereits mit dem Transatlantik-Ticket zu buchen, denn oft sind kostenlose *stopover* möglich. Ansonsten sind bei Regionallinien wie *Air North* oder *Westjet* die Preise im Internet fast immer die günstigsten.

Auch die längeren Fährstrecken sollten Sie bereits vorab reservieren: z. B. die *Inside Passage* an der Westküste *(www.bcferries.com)*, die Fahrt von Nova Scotia nach Neufundland *(www. marine-atlantic.ca)* sowie auch Bootstouren auf dem Lake Huron mit der *MS Chi-Cheemaun (www.ontarioferries.com)*.

WÄHRUNGSRECHNER

€	kan $	kan $	€
1	1,31	1	0,76
2	2,63	2	1,52
3	3.94	3	2,28
5	6,57	5	3,81
7	9,19	7	5,33
10	13,10	10	7,60
25	32,80	25	19,00
75	98,50	75	57,10
100	131,00	100	76,00

INTERNET/WLAN

Kanada ist exzellent vernetzt. In Hotels kostet der Highspeed-Internetzugang meist 10–15 $ pro Tag; oft gibt es auch einen kostenlos zu nutzenden Computer in der Lobby. In allen öffentlichen Bibliotheken Kanadas und oft auch in den Visitor Centres können Sie kostenlos oder gegen geringe Gebühr im Web surfen und Ihre Mails abrufen.

Für den eigenen Laptop, das Wi-Fi-fähige Smartphone oder iPad finden Sie in vielen Hotels und *coffee shops* WLAN *(wireless network),* teils kostenlos, teils erhält man gegen Gebühr das Passwort beim Personal.

JUGENDHERBERGEN

Die Häuser der *Canadian Hostelling Association* kosten pro Nacht ab 15 $, manchmal verfügbare Einzel- und Doppelzimmer ab 40 $. Herbergen in besonders schöner Lage gibt es in den Nationalparks der Rockies. Verzeichnis: *www.hihostels.ca.* In den Großstädten können Rucksacktraveller auch in den Heimen von *YMCA* (für Männer) und *YWCA* (für Frauen) günstig übernachten. In kleineren Orten gibt es manchmal *home hostels.*

KLIMA & REISEZEIT

Abgesehen von den unmittelbaren Küstenregionen herrscht in Kanada extremes Kontinentalklima, das kalte, schneesichere Winter und trockene, oft überraschend heiße Sommer verspricht. Die beste Reisezeit (und Hochsaison) ist von Mitte Juni bis Ende August. Doch auch der September ist oft schön – besonders der Indian Summer in Ostkanada. Zum Skifahren in den Rockies sind die Monate Januar bis März ideal.

MIETWAGEN

Das Mindestalter beträgt 21, teils 25 Jahre. Der nationale Führerschein genügt. Auto oder Camper sollten Sie schon einige Monate vorab buchen. Dies ist oft billiger als die Suche vor Ort, da dann Steuern und Versicherungen im Preis inklusive sind. Besonders Wohnmobile sind zudem zur Hochsaison sehr häufig ausgebucht. Geben Sie das Fahrzeug am besten am Ausgangspunkt zurück, da Rückführgebühren extrem hoch sind.

NOTRUF

Tel. 911 oder *operator: Tel. 0*

ÖFFNUNGSZEITEN

Läden sind überwiegend *Mo–Sa 9.30–18 Uhr* geöffnet, die großen Shoppingmalls der Städte *10–21, So 12–17 Uhr,* Lebensmittelsupermärkte meist auch abends und an den Wochenenden, in Großstädten sogar rund um die Uhr. Viele Museen bleiben montags geschlossen.

POST

Postämter sind *Mo–Fr 9–18* und *Sa 8–12 Uhr* geöffnet. Das Porto für Luftpostbriefe oder -postkarten beträgt nach Europa 1,80 $. Aus den Großstädten ist eine Karte fünf Tage unterwegs, sonst etwa acht Tage.

STEUERN

In ganz Kanada gilt eine Verkaufssteuer *(GST)* von 5 Prozent; dazu kommen regionale Steuern bis zu 8 Prozent. In Ontario und den Atlantikprovinzen sind alle Steuern zu einer Steuer *(HST)* von 12 bis 15 Prozent zusammengefasst. Die Steuern werden generell erst beim Kauf hinzugerechnet, sind also z. B. auf der Speisekarte nicht berücksichtigt.

STROM

Netzspannung 110 Volt, 60 Hertz. Ratsam ist, einen Steckdosenadapter für den (umschaltbaren!) Föhn mitzubringen.

TELEFON & HANDY

Alle Telefonnummern in Kanada sind siebenstellig, dazu kommt für Fernge-

WETTER IN TORONTO

	Jan.	Feb.	März	April	Mai	Juni	Juli	Aug.	Sept.	Okt.	Nov.	Dez.
Tagestemperaturen in °C	−1	−1	4	11	18	24	27	26	21	15	7	1
Nachttemperaturen in °C	−8	−8	−4	2	8	13	16	15	12	6	1	−5
Sonnenschein Stunden/Tag	2	4	5	6	7	9	9	8	7	5	3	2
Niederschlag Tage/Monat	8	10	8	9	8	7	6	8	6	8	9	9
Wassertemperaturen in °C	3	2	2	3	6	12	19	21	18	13	9	6

spräche und innerhalb einiger Großstädte eine dreistellige Vorwahl *(area code)*. Ortsgespräche aus der Telefonzelle kosten 25–35 ¢, bei Ferngesprächen gibt nach dem Wählen eine Computerstimme die Gebühr an. Vorsicht: Im Hotel werden oft horrende Aufschläge berechnet! Bei Telefonproblemen hilft der *operator „0"* weiter, er vermittelt auch R-Gespräche *(collect calls)*. Über die gebührenfreien Nummern mit der Vorwahl 800, 866, 877 oder 888 kann man z. B. Hotels reservieren.

Vorwahl aus Kanada nach Deutschland 01149 (Österreich 01143, Schweiz 01141), dann die Ortsvorwahl ohne 0 und die Nummer. Vorwahl nach Kanada: 001.

Tri- oder Quadband-Handys aus Europa funktionieren auch in Westkanada – aber meist nur in den Städten und im Süden der Provinzen (Roaming-Aufpreis bis 2 Euro). Günstiger ist für Anrufe von der Zelle und aus dem Hotel der Kauf einer *prepaid phone card,* vor Ort erhältlich an Tankstellen und kleinen Märkten. Bei einem längeren Aufenthalt kann es sich lohnen, für das (entsperrte!) Handy eine Sim-Karte der kanadischen GSM-Netzanbieter *Fido* oder *Rogers* zu kaufen.

WAS KOSTET WIE VIEL?

Kaffee	1,50–3 Euro	
	für eine Tasse	
Bier	4–5 Euro	
	für ein Bier im Saloon	
Steak	15–25 Euro	
	für ein Steak mit Salat	
	und Folienkartoffel	
Tour	70–90 Euro	
	für eine Halbtagstour per	
	Raft oder Bike	
Kanu	15–20 Euro	
	für eine Stunde Kanu-	
	miete	
Benzin	1–1,05 Euro	
	für einen Liter Bleifrei	

Unterschied zur MEZ mit -9 h am größten. In *Alberta* sind es noch -8 h, in den *Prärieprovinzen* -7 h. *Ontario* und *Québec* liegen wie New York in der *Eastern Standard Time* (-6 h). In *Nova Scotia* sind es -5 h. *Neufundland* hat eine eigene Zone mit MEZ -4½ h. Vom zweiten Märzsonntag bis zum ersten Sonntag im November gilt in den meisten Regionen Kanadas die Sommerzeit.

TRINKGELDER

Im Restaurant ist der Service nicht inklusive und oft ein wesentlicher Bestandteil des Gehalts, man gibt daher ca. 15 Prozent des Rechnungsbetrags als *tip.* Auch das Zimmermädchen (1–2 $/Nacht), den Kofferträger (1–2 $/Gepäck) und den Service fürs *valet parking* (1–2 $) nicht vergessen.

ZEITZONEN

Sechs Zeitzonen spiegeln Kanadas gewaltige Dimensionen wider. An der *Westküste* ist bei der *Pacific Standard Time* der

ZOLL

Gegenstände für den persönlichen Gebrauch sind zollfrei. Pflanzen und frische Lebensmittel dürfen jedoch nicht eingeführt werden. Erlaubt sind 200 Zigaretten und 50 Zigarren und 400 g Tabak sowie 1,1 l Spirituosen. Dazu Geschenke bis zu einem Wert von 60 $ pro Empfänger. Bei Rückkehr in die EU darf man zollfrei einführen: 1 l Spirituosen, 200 Zigaretten oder 50 Zigarren oder 250 g Tabak, 50 g Parfüm oder 250 g Eau de Toilette und andere Artikel (außer Gold) im Gesamtwert von 430 Euro.

SPRACHFÜHRER ENGLISCH

AUSSPRACHE

Zur Erleichterung der Aussprache sind alle Begriffe und Wendungen mit einer einfachen Umschrift in eckigen Klammern versehen. Folgende Zeichen sind Sonderzeichen:

ө   wie [s], gesprochen nur mit der Zungenspitze zwischen den Zähnen

ə   nur angedeutetes „e" wie am Ende von „Bitte", immer ohne Betonung

'   Betonung liegt auf der folgenden Silbe

AUF EINEN BLICK

ja/nein/vielleicht	yes [jess]/no [nou]/maybe ['meybih]
bitte/danke	please [plihs]/thank you ['өänkju]
Entschuldige!	Sorry! [ssorri]
Entschuldigen Sie!	Excuse me, please! [iks'kjuhs mih, plihs]
Darf ich ...?	May I ...? [mey ai?]
Wie bitte?	Pardon? ['pahdn?]
Ich möchte .../	I'd like to ... [aid laik tu ...]/
Haben Sie ...?	Do you have ...? [dju häf ...]
Wie viel kostet ...?	How much is ...? ['hau matsch is ...]
Das gefällt mir/nicht.	I love it. [ai laf it]/I don't like it. [ai dount laik it]
gut/schlecht	good [gud]/bad [bäd]
kaputt/funktioniert nicht	broken/doesn't work [broukən/dasnt wöək]
(zu) viel/wenig	(too) much [(tuh) matsch]/(too) little [(tuh) litl]
Hilfe!/Achtung!/Vorsicht!	Help!/Watch out!/Caution! [hälp][watsch aut][kahschn]
Krankenwagen/Notarzt	ambulance ['ämbjulənz]/paramedics [pärə'mediks]
Polizei/Feuerwehr	police [po'lihs]/fire department [faiə depahtment]
Gefahr/gefährlich	danger ['deyndschə]/dangerous ['deyndschərəs]

BEGRÜSSUNG UND ABSCHIED

Gute(n) Morgen/Tag/	Good morning [gud 'moəning]/day [dey]/
Abend/Nacht!	evening ['ifning]/night! [nait]
Hallo!/Auf Wiedersehen!	Hi! [hai]/(Good) Bye! [(gud) bai]
Tschüss!	See you! [ssih juh]
Ich heiße ...	I'm ... [aim ...]/My name is ... [mai 'näims ...]
Wie heißt du/heißen Sie?	What's your name? [wots joə 'näim]
Ich komme aus ...	I'm from ... [aim from ...]

Do you speak American English?

„Sprichst du Englisch?" Dieser Sprachführer hilft Ihnen, die wichtigsten Wörter und Sätze auf Englisch zu sagen

DATUMS- UND ZEITANGABEN

Montag/Dienstag	Monday ['mandey]/Tuesday ['tjuhsdey]
Mittwoch/Donnerstag	Wednesday ['wensdey]/Thursday ['θöəsdey]
Freitag/Samstag	Friday ['fraidey]/Saturday ['ssätədey]
Sonntag/Feiertag	Sunday ['ssandey]/holiday ['holidey]
heute/morgen/ gestern	today [tə'dey]/tomorrow [tə'morou]/ yesterday ['jestədey]
Stunde/Minute	hour ['auə]/minute ['minit]
Tag/Nacht/Woche	day [dey]/night [nait]/week [wihk]
Wie viel Uhr ist es?	What time is it? [wət 'taim is it]
Es ist drei Uhr.	It's three o'clock. [its ərih əklok]

UNTERWEGS

offen/geschlossen	open [oupən]/closed [klousd]
Eingang/Ausgang	entrance ['entrənts]/exit ['eksit]
Ankunft/Abflug	arrival [ə'raiwl]/departure [di'pahtschə]
Toiletten/Damen/Herren	restrooms ['restruhms]/ladies [leydihs]/men [men]
(kein) Trinkwasser	(no) drinking water [(nou) drinkin wohtə]
Wo ist ...?/Wo sind ...?	Where is ...? [weə is ...]/Where are ...? [weə ah ...]
links/rechts	left [läft]/right [rait]
geradeaus/zurück	straight ahead [sstreyt ə'hed]/back [bäk]
nah/weit	close [klous]/far [fah]
Taxi	Taxi [taksi]/cab [käb]
Bushaltestelle/Taxistand	bus stop [bass sstop]/cab stand [käb sständ]
Parkplatz/	parking lot ['pahkin lot]/
Parkhaus	parking garage ['pahkin ga'rahsch]
Stadtplan/Landkarte	city map ['ssiti mäp]/road map [roud mäp]
Bahnhof/Hafen	train station [treyn ssteyschn]/harbor ['hahbə]
Flughafen	airport ['eahpoət]
Fahrplan/Fahrschein	timetable [taimteybl]/ticket ['tiket]
Zuschlag	additional fare [a'dischənəl fəah]
einfach/hin und zurück	one way [wan wey]/round trip [raund trip]
Ich möchte ... mieten.	I want to rent ... [ai wont tu rent ...]
ein Auto/ein Fahrrad	a car [ə kah]/a bike [ə baik]
ein Boot	a boat [ə bout]
ein Wohnmobil	a motorhome [ə 'moutəhoum]/ RV (recreational vehicle) [ar'wih]
Tankstelle	gas station [gäss ssteyschn]
Benzin/Diesel	gas [gäss]/diesel [dihsl]
Panne/Werkstatt	breakdown ['breykdaun]/repair shop [ri'peə schop]

ESSEN UND TRINKEN

Reservieren Sie uns bitte für heute Abend einen Tisch für vier Personen.	Would you please make a reservation for a table of four for tonight? [wud ju plihs meyk ə 'resəveyschən foa ə 'teybl əf 'foə foh tunait]
Die Speisekarte, bitte.	The menue, please. [ðe menju plihs]
Könnte ich ... haben?	Could I please have ...? [kud ai plihs häf ...]
Vegetarier(in)/Allergie	vegetarian [wedsche'tərian]/allergy ['älədschi]
Ich möchte zahlen, bitte.	Could I have the check, please? [kud ai häf ðə tschek plihs]

EINKAUFEN

Wo finde ich ...?	Where would I find ...? ['weə wud ai 'faind ...]
Ich möchte .../	I'd like ... [aid laik ...]/
Ich suche ...	I'm looking for ... [aim luking foə ...]
Apotheke/Drogerie	pharmacy ['fahməssi]/drugstore ['dragstoə]
Einkaufszentrum	shopping center ['schopping 'ssentə]
teuer/billig/Preis	expensive [iks'penssif]/cheap [tschihp]/price [praiss]
mehr/weniger	more [moə]/less [less]
aus biologischem Anbau	organically grown [or'gänikəli groun]

ÜBERNACHTEN

Ich habe ein Zimmer reserviert.	I've reserved a room. [aif ri'söəvd ə ruhm]
Haben Sie noch ein ...?	Do you still have a ...? [du ju sstil häf ə]
Einzelzimmer	single room [ssingl ruhm]
Doppelzimmer	room for two [ruhm foə tuh]
(Wohnmobil-)Stellplatz	stall [sstal]/space [sspeyss]
Frühstück/Halbpension	breakfast ['brekfəst]/European plan [juro'piən plän]
Vollpension	American plan [ə'märikan plän]/full board [ful boərd]
zum Meer/zum See	oceanfront [ouschnfrant]/lakefront [leykfrant]
Dusche/Bad	shower [schauə]/sit down bath [ssit daun bäə]
Balkon/Terrasse	balcony ['bälkoni]/terrasse ['terəss]
Schlüssel/Zimmerkarte	key [kih]/room access card [ruhm 'äkess kard]
Gepäck/Koffer/Tasche	luggage ['lagitsch]/suitcase ['ssuhtkeys]/bag [bäg]

BANKEN UND GELD

Bank/Geldautomat	bank [bänk]/ATM [ey ti em]
Geheimzahl	pin code [pin koud]
Ich möchte ... Euro wechseln.	I'd like to change ... Euro. [aid laik tə tscheynsch ... jurou]
bar/Kreditkarte	cash [käsch]/credit card [kredit kard]
Banknote/Münze	bill [bil]/coin [koin]

SPRACHFÜHRER

GESUNDHEIT

Arzt/Zahnarzt/Kinderarzt	doctor ['doktə]/dentist ['dentist]/pediatrician [pedia'trischən]
Krankenhaus/Notfallpraxis	hospital ['hospitl]/emergency clinic [i'mertschənsi 'klinik]
Fieber/Schmerzen	feaver [fihvə]/pain [peyn]
Durchfall/Übelkeit	diarrhea [daiə'ria]/sickness ['ssikness]
Sonnenbrand/-stich	sunburn ['ssanbörn]/sunstroke ['ssanstrouk]
Rezept	prescription [prəs'kripschən]
Schmerzmittel/Tablette	pain killer [peyn kilə]/pill [pill]

TELEKOMMUNIKATION & MEDIEN

Briefmarke/Brief	stamp [sstämp]/letter ['lettə]
Postkarte	postcard ['poustkahd]
Ich brauche eine Telefonkarte für Ferngespräche.	I need a phone card for long distance calls. [ai nihd ə foun kahd for long disstants kahls]
Ich suche eine Prepaid-Karte für mein Handy.	I'm looking for a prepaid-card for my cell phone. [aim luking foə a foun kahd foə mai ssell foun]
Wo finde ich einen Internetzugang?	Is there internet access here somewhere? [is θea 'internet 'äksess hiə 'ssamweə]
Brauche ich eine spezielle Vorwahl?	Do I need a special area code? [duh ai nihd a 'speschəl ärea koud]
Steckdose/Adapter/Ladegerät	wall plug [wahl plag]/adapter [ə'däptə]/charger [tschatschə]
Computer/Batterie/Akku/WLAN	computer/battery/rechargable battery['bäteri] [re'tschahtschablə bäteri]/Wi-Fi ['waifai]

FREIZEIT, SPORT UND STRAND

Strand	beach [bihtsch]
Sonnenschirm/Liegestuhl	sun shade [ssan scheyd]/beach chair [bihtsch tscheə]
Fahrrad-/Mofaverleih	bike ['baik]/scooter rental ['skuhtə rentəl]
Vermietladen	rental shop [rentəl schop]
Übungsstunde	lesson ['lessən]

ZAHLEN

1/2	a/one half [ə/wan 'hahf]	200	two hundred ['tuh 'handrəd]
1/4	a/one quarter [ə/wan 'kwohtə]	1000	(one) thousand [('wan) θausənd]
10	ten [tän]	2000	two thousand ['tuh θausənd]
20	twenty ['twänti]	5000	five thousand [faiw θausənd]
100	(one) hundred [('wan) 'handrəd]	10 000	ten thousand ['tän θausənd]

SPRACHFÜHRER FRANZÖSISCH

AUSSPRACHE

Zur Erleichterung der Aussprache sind alle französischen Wörter mit einer einfachen Aussprache in eckigen Klammern versehen.

AUF EINEN BLICK

ja/nein/vielleicht	oui [ui]/non [nong]/peut-être [pöhtätr]
bitte/danke	s'il vous plaît [ßil wu plä]/merci [märßih]
Gute(n)/Morgen!/Tag!/ Abend!/Nacht!	Bonjour! [bongschuhr]/Bonjour! [bongschuhr]/ Bonsoir! [bongßoar]/Bonne nuit! [bonn nüi]
Hallo!/Auf Wiedersehen!/ Tschüss!	Salut! [ßalü]/Au revoir! [o rövoar]/Salut! [ßalü]
Entschuldigung!	Pardon! [pardong]
Ich heiße ...	Je m'appelle ... [schö mapäll ...]
Ich komme aus ...	Je suis de ... [schö süi dö ...]
Darf ich ...?	Puis-je ...? [püi schö ...]
Wie bitte?	Comment? [kommang]
Ich möchte .../Haben Sie?	Je voudrais ... [schö wudrä]/Avez-vous? [aweh wu]
Wie viel kostet ...?	Combien coûte ...? [kombjäng kuht ...?]
Das gefällt mir (nicht).	Ça (ne) me plaît (pas). [ßa (nö) mö plä (pa)]
gut/schlecht/kaputt	bon [bong]/mauvais [mowä]/cassé [kaßeh]
zu viel/viel/wenig	trop [troh]/beaucoup [bokuh]/peu [pöh]
alles/nichts	tout [tuh]/rien [riäng]
Hilfe!/Achtung!	Au secours! [o ßökuhr]/Attention! [attangßjong]
Polizei/Feuerwehr/ Krankenwagen	police [poliß]/pompiers [pompieh]/ ambulance [ambülangß]

DATUMS- & ZEITANGABEN

Montag/Dienstag	lundi [längdi]/mardi [mardi]
Mittwoch/Donnerstag	mercredi [märcrödi]/jeudi [schödi]
Freitag/Samstag/ Sonntag	vendredi [vangdrödi]/samedi [ßamdi]/ dimanche [dimangsch]
Werktag/Feiertag	jour ouvrable [schur uwrabl]/jour férié [schur ferieh]
heute/morgen/gestern	aujourd'hui [oschurdüi] /demain[dömäng]/hier [jähr]
Stunde/Minute	heure [öhr]/minute [minüt]
Tag/Nacht/Woche	jour [schur]/nuit [nüi]/semaine [ßömän]
Monat/Jahr	mois [moa]/année [aneh]

Tu parles français?

„Sprichst du Französisch?" Dieser Sprachführer hilft Ihnen,
die wichtigsten Wörter und Sätze auf Französisch zu sagen

Wie viel Uhr ist es?	Quelle heure est-t-il? [käl ör ät il]
Es ist drei Uhr.	Il est trois heures. [il ä troasör]
Es ist halb vier.	Il est trois heures et demi. [il ä troasör e dömi]
Viertel vor vier	quatre heures moins le quart [katrör moäng lö kar]
Viertel nach vier	quatre heures et quart [katrör e kar]

UNTERWEGS

offen/geschlossen	ouvert [uwär]/fermé [färmeh]
Eingang/Einfahrt	entrée [angtreh]
Ausgang/Ausfahrt	sortie [ßorti]
Abfahrt/Abflug/Ankunft	départ [depahr]/départ [depahr]/arrivée [arriweh]
Toiletten/Damen/Herren	toilettes [toalett]/femmes [famm]/hommes [omm]
(kein) Trinkwasser	eau (non) potable [o (nong) potabl]
Wo ist ...?/Wo sind ...?	Où est ...? [u ä ...]/Où sont ...? [u ßong ...]
links/rechts	à gauche [a gohsch]/à droite [a droat]
geradeaus/zurück	tout droit [tu droa]/en arrière [ong arriähr]
nah/weit	près [prä]/loin [loäng]
Bus/Straßenbahn/ U-Bahn/Taxi	bus [büß]/tramway [tramwäi]/métro [mehtro]/taxi [takßi]
Haltestelle/Taxistand	arrêt [arrä]/station de taxi [ßtaßjong dö takßi]
Parkplatz/Parkhaus	parking [parking]
Stadtplan/(Land-)Karte	plan de ville [plang dö vil]/carte routière [kart rutjähr]
Bahnhof/Hafen/Flughafen	gare [gahr]/port [pohr]/aéroport [aeropohr]
Fahrplan/Fahrschein	horaire [orär]/billet [bije]
einfach/hin und zurück	aller simple [aleh ßämpl]/aller-retour [aleh rötuhr]
Zug/Gleis/Bahnsteig	train [träng]/voie [woa]/quai [käh]
Ich möchte ... mieten.	Je voudrais ... louer. [schö wudräh... lueh]
ein Auto/ein Fahrrad/ ein Boot	une voiture [ün woatür]/un vélo [äng weloh]/ un bateau [äng batoh]
Tankstelle	station d'essence [ßtaßjong deßangß]
Benzin/Diesel	essence [eßangß]/diesel [diesäl]
Panne/Werkstatt	panne [pann]/garage [garahsch]

ESSEN & TRINKEN

Die Speisekarte, bitte.	La carte, s'il vous plaît. [la kart ßil wu plä]
Könnte ich bitte ... haben?	Puis-je avoir ... s'il vous plaît? [püischö awoar ... ßil wu plä]
Flasche/Karaffe/Glas	bouteille [buteij]/carafe [karaf]/verre [wär]
Messer/Gabel/Löffel	couteau [kutoh]/fourchette [furschät]/cuillère [küijär]
Salz/Pfeffer/Zucker	sel [ßäl]/poivre [poawr]/sucre [ßükr]

Essig/Öl	vinaigre [winägr]/huile [üil]
Milch/Sahne/Zitrone	lait [lä]/crême [kräm]/citron [ßitrong]
kalt/versalzen/nicht gar	froid [froa]/trop salé [tro ßaleh]/pas cuit [pa küi]
mit/ohne Eis/Kohlensäure	avec [awäk]/sans [ßang] glaçons/gaz [glaßong/gaß]
Vegetarier(in)	végétarien(ne) [weschetarijäng/weschetarijänn]
Ich möchte zahlen, bitte.	Je voudrais payer, s'il vous plaît. [schön wudrä pejeh, ßil wu plä]
Rechnung/Quittung	addition [adißjong]/reçu [rößü]

EINKAUFEN

Apotheke/Drogerie	pharmacie [farmaßi]/droguerie [drogöri]
Bäckerei/Markt	boulangerie [bulangschöri]/marché [marscheh]
Einkaufszentrum	centre commercial [ßangtre komerßial]
Kaufhaus	grand magasin [grang magasäng]
100 Gramm/1 Kilo	cent grammes [ßang gramm]/un kilo [äng kilo]
teuer/billig/Preis	cher [schär]/bon marché [bong marscheh]/prix [pri]
mehr/weniger	plus [plüß]/moins [moäng]
aus biologischem Anbau	de l'agriculture biologique [dö lagrikültür bioloschik]

ÜBERNACHTEN

Ich habe ein Zimmer reserviert.	J'ai réservé une chambre. [scheh reserweh ün schangbr]
Haben Sie noch ...?	Avez-vous encore ...? [aweh wusangkor ...]
Einzel-/Doppelzimmer/	chambre simple/double [schangbr ßämplö/dublö]
Frühstück	petit déjeuner [pöti deschöneh]
Halbpension/Vollpension	demi-pension [dömi pangßjong]/pension complète [pangßjong komplät]
Dusche/Bad	douche [dusch/bain [bäng]
Balkon/Terrasse	balcon [balkong] /terrasse [teraß]
Schlüssel/Zimmerkarte	clé [kleh]/carte magnétique [kart manjetik]
Gepäck/Koffer/Tasche	bagages [bagahsch]/valise [walis]/sac [ßak]

BANKEN & GELD

Bank/Geldautomat/ Geheimzahl	banque [bangk]/guichet automatique [gischeh otomatik]/code [kodd]
bar/Kreditkarte	comptant [komtang]/carte de crédit [kart dö kredi]
Banknote/Münze	billet [bijeh]/monnaie [monä]

GESUNDHEIT

| Arzt/Zahnarzt/Kinderarzt | médecin [medßäng]/dentiste [dangtißt]/pédiatre [pediatrö] |
| Krankenhaus/Notfallpraxis | hôpital [opital]/urgences [ürschangß] |

Fieber/Schmerzen	fièvre [fiäwrö]/douleurs [dulör]
Durchfall/Übelkeit	diarrhée [diareh]/nausée [noseh]
Sonnenbrand	coup de soleil [ku dö ßolej]
entzündet/verletzt	enflammé [angflameh]/blessé [bleßeh]
Pflaster/Verband	pansement [pangßmang]/bandage [bangdahsch]
Salbe/Schmerzmittel	pommade [pomad]/analgésique [analschesik]

TELEKOMMUNIKATION & MEDIEN

Briefmarke	timbre [tämbrö]
Brief/Postkarte	lettre [lätrö]/carte postale [kart poßtal]
Ich brauche eine Telefonkarte fürs Festnetz.	J'ai besoin d'une carte téléphonique pour fixe. [scheh bösoäng dün kart telefonik pur fiekß]
Ich suche eine Prepaidkarte für mein Handy.	Je cherche une recharge pour mon portable. [schö schärsch ün röscharsch pur mong portablö]
Wo finde ich einen Internetzugang?	Où puis-je trouver un accès à internet? [u püische truweh äng akßä a internet]
wählen/Verbindung/besetzt	composer [komposeh]/connection [konekßiong]/occupé [oküpeh]
Steckdose/Ladegerät	prise électrique [pris elektrik]/chargeur [scharschör]
Computer/Batterie/Akku	ordinateur [ordinatör]/batterie [battri]/accumulateur [akümülatör]
At-Zeichen	arobase [arobaß]
Internet-/E-Mail-Adresse	adresse internet/mail [adräß internet/mejl]
Internetanschluss/WLAN	accès internet [akßä internet]/wi-fi [wifi]
E-Mail/Datei/ausdrucken	mail [mejl]/fichier [fischjeh]/imprimer [ämprimeh]

FREIZEIT, SPORT & STRAND

Strand	plage [plahsch]
Sonnenschirm/Liegestuhl	parasol [paraßol]/transat [trangßat]
Ebbe/Flut/Strömung	marée basse [mareh baß]/marée haute [mareh ot]/courant [kurang]
Seilbahn/Sessellift	téléphérique [teleferik]/télésiège [teleßiäsch]
Schutzhütte/Lawine	refuge [röfüsch]/avalanche [avalangsch]

ZAHLEN

0	zéro [sero]		8	huit [üit]
1	un, une [äng, ühn]		9	neuf [nöf]
2	deux [döh]		10	dix [diß]
3	trois [troa]		20	vingt [väng]
4	quatre [katr]		100	cent [ßang]
5	cinq [ßänk]		1000	mille [mil]
6	six [ßiß]		½	un[e] demi[e] [äng/ühn dömi]
7	sept [ßät]		¼	un quart [äng kar]

REISEATLAS

Die grüne Linie ▬▬ zeichnet den Verlauf der Ausflüge & Touren nach
Die blaue Linie ▬▬ zeichnet den Verlauf der Perfekten Route nach

Der Gesamtverlauf aller Touren ist auch in
der herausnehmbaren Faltkarte eingetragen

Bild: Cape Spear, Neufundland

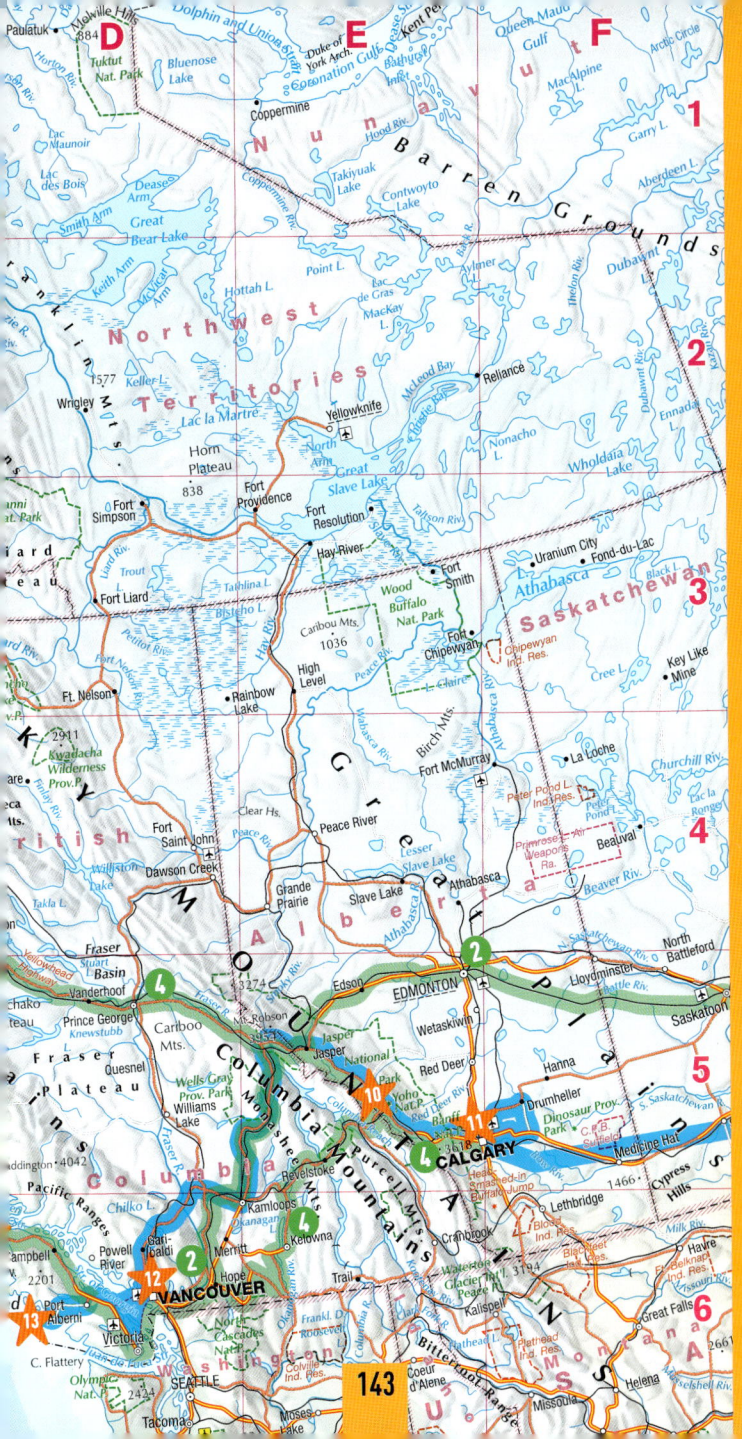

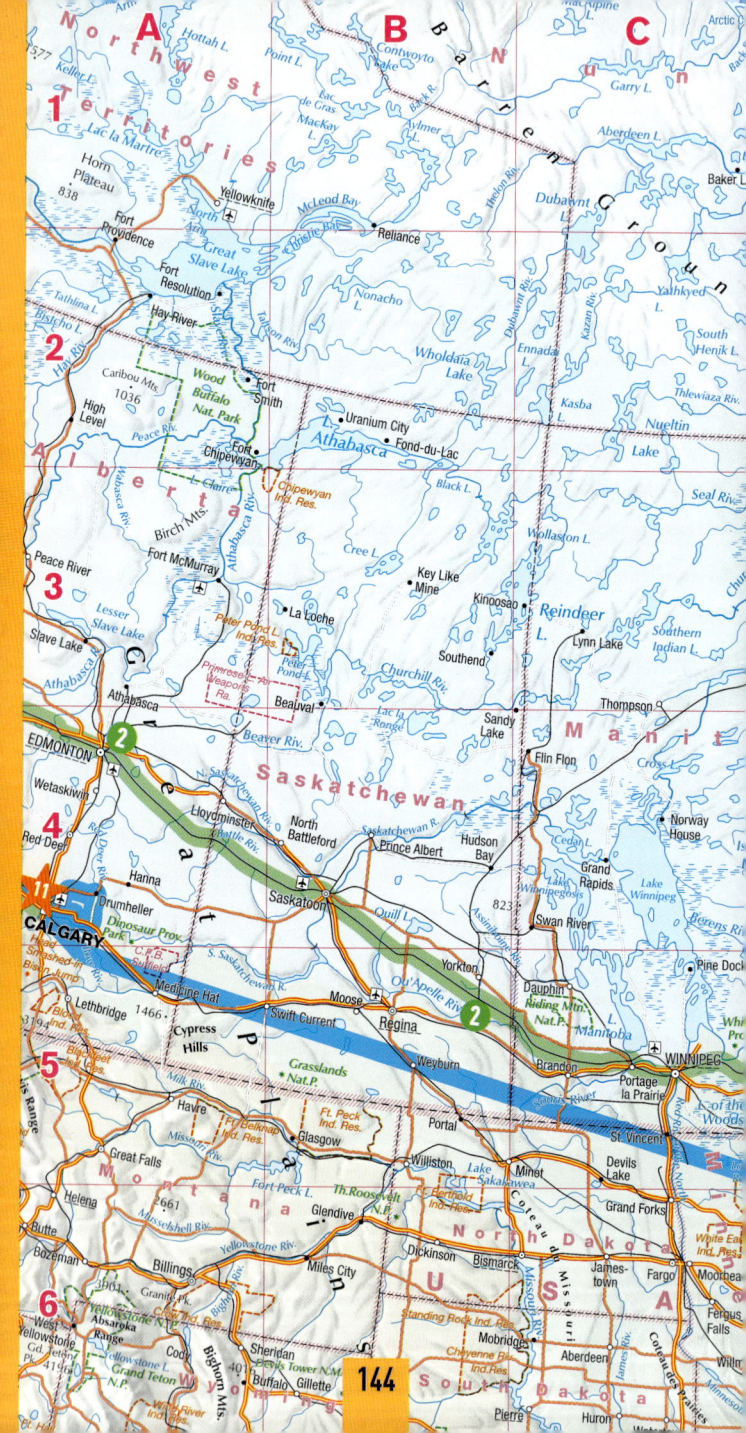

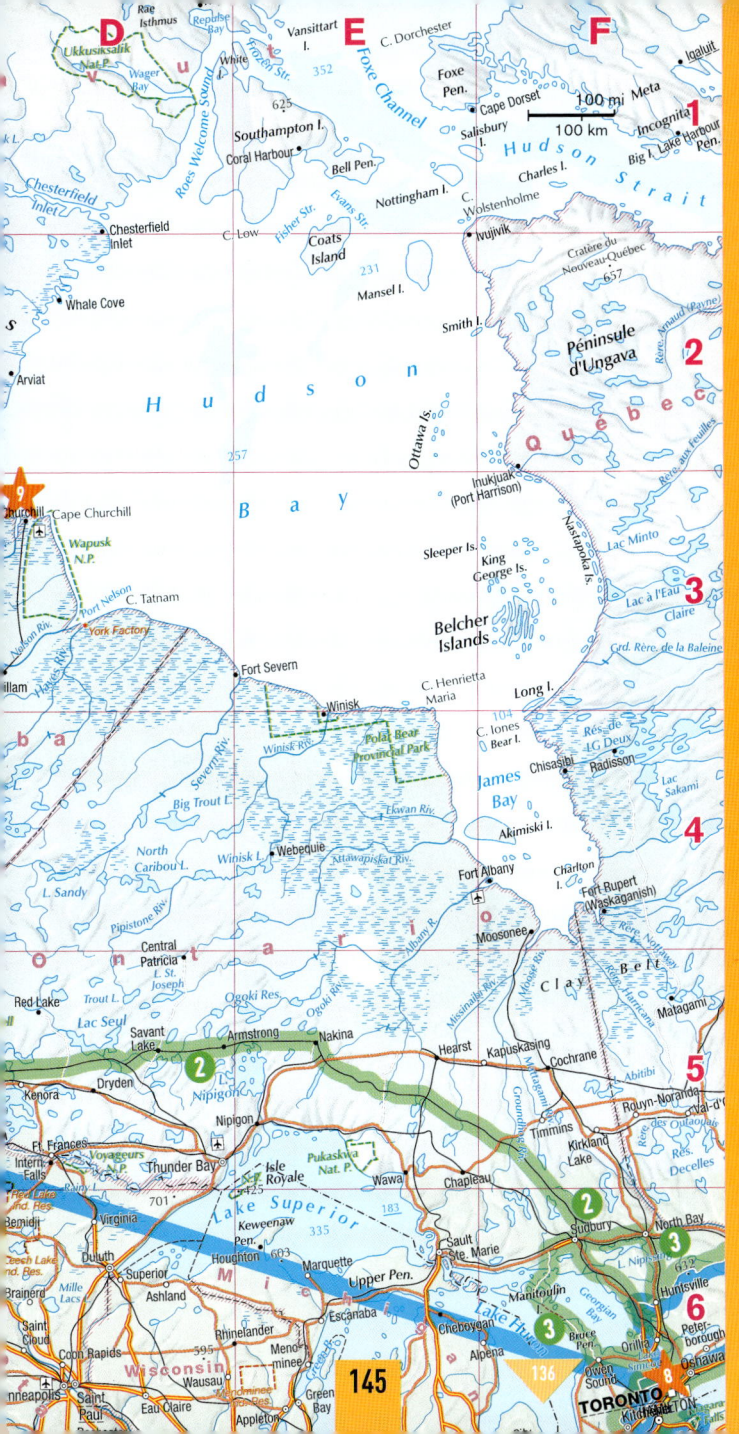

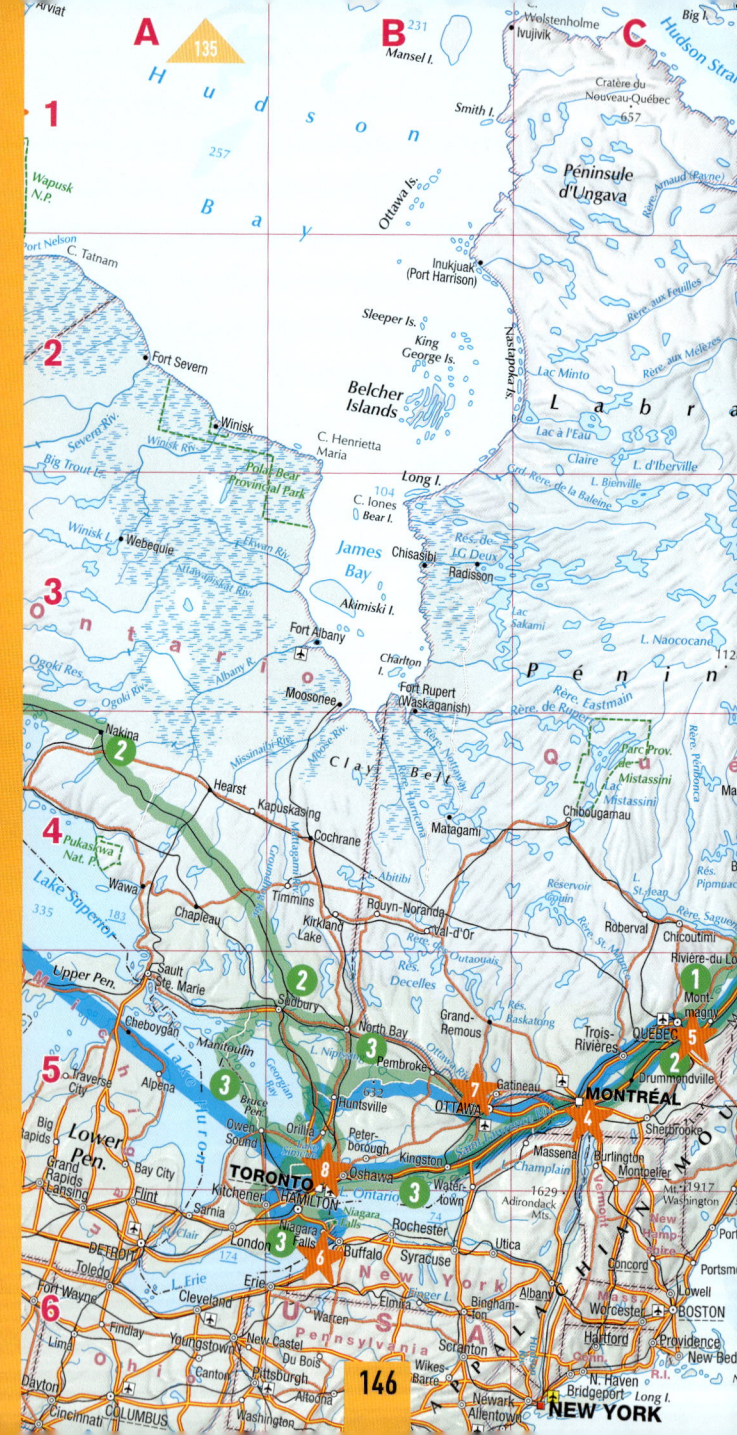

KARTENLEGENDE

Autobahn, mehrspurige Straße - in Bau Highway, multilane divided road - under construction		Autoroute, route à plusieurs voies - en construction Autopista, carretera de más carriles - en construcción
Fernverkehrsstraße - in Bau Trunk road - under construction		Route à grande circulation - en construction Ruta de larga distancia - en construcción
Wichtiger internationaler Flughafen - Flughafen Major international airport - Airport		Aéroport importante international - Aéroport Aeropuerto importante internacional - Aeropuerto
Eisenbahn Railway		Chemin-de-fer Ferrocarril
Höhe in Meter Height in meters	1482	Altitude en mètres Altura en metros
Internationale Grenze - Provinzgrenze International boundary - Province boundary		Frontièr nationale - Limite ou de província Frontera nacional - Frontera provincial
Hauptstadt eines souveränen Staates National capital	OTTAWA	Capitale nationale Capital de un estado soberano
Hauptstadt eines Bundesstaates Federal capital	VICTORIA	Capitale d'un état fédéral Capital de estado
Indianerreservat - Nationalpark Indian reservation - National park		Réserve d'indiens - Parc national Reserva de indios - Parque nacional
Sehenswertes Kulturdenkmal Interesting cultural monument	★ Fort Kent	Monument culturel intéressant Monumento cultural de interés
Sehenswertes Naturdenkmal Interesting natural monument	★ Niagara Falls	Monument naturel intéressant Monumento natural de interés
Ausflüge & Touren Trips & Tours		Excursions & tours Excursiones & rutas
Perfekte Route Perfect route		Itinéraire idéal Ruta perfecta
MARCO POLO Highlight	1	MARCO POLO Highlight

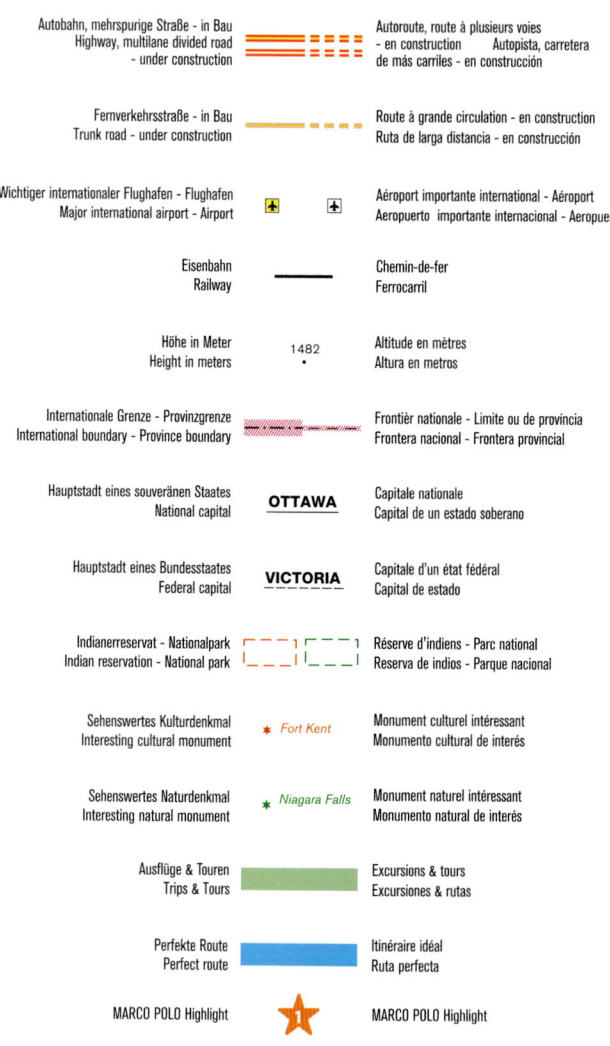

ALLE **MARCO POLO** REISEFÜHRER

REGISTER

In diesem Register sind alle in diesem Reiseführer erwähnten Orte und Ausflugsziele verzeichnet. Gefettete Seitenzahlen verweisen auf den Haupteintrag.

SCHREIBEN SIE UNS!

SMS-Hotline: 0163 6 39 50 20

Wir setzen alles dran, Ihnen möglichst aktuelle Informationen mit auf die Reise zu geben. Dennoch schleichen sich manchmal Fehler ein – trotz gründlicher Recherche unserer Autoren/innen. Sie haben sicherlich Verständnis, dass

E-Mail: info@marcopolo.de

der Verlag dafür keine Haftung übernehmen kann. Kontaktieren Sie uns per SMS, E-Mail oder Post!

MARCO POLO Redaktion, MAIRDUMONT Postfach 31 51, 73751 Ostfildern

IMPRESSUM
Titelbild: Mount Kidd Aspen Highway 10 (mauritius images: age)
Fotos: U. Bernhart (3 u., 10/11, 94, 104/105, 107); O. Bolch (3 M., 6, 12/13, 30 r., 38, 41, 70, 76, 86/87, 99, 120, 140/141); DuMont Bildarchiv: Heeb (4, 8, 9, 34, 48/49, 64, 72, 111, 118); Hicker (Klappe l., 3 o., 80/81, 85, 90, 100, 114/115, 124 o.), Widmann (52, 56, 59, 69); Gladstone Hotel: Cat O'Neil (16 u.); Glowimages: All Canadas Photos (Cheadle) (119), All Canadas Photos (Marriott) (18/19), First Light (Summers) (121); imagebroker (Maksymenko) (2 o., 5), imagebroker (Sbampato) (103), PhotoCuisine (Cox) (26 r.); G. Hartmann (93); R. Hicker (15, 37, 43, 60); Huber: Damm (108/109), Huber (112/113), Lawrence (124 u.); Interversion (16 o.); © iStockphoto.com: Spiritartist (17 u.); Laif: Harscher (2 M. o., 32/33), Heeb (2 M. u., 44/45), Heuer (24/25, 26 l., 117), Raach (7, 27, 82, 97); The Ballroom (17 o.); T. Stankiewicz (22, 88); K. Teuschl (1 u., 29); Thieves by sonja den elzen: Maxime Docken (16 M.); Transglobe: Trask (30 l.); T. P. Widmann (Klappe r., 2 u., 21, 28, 46, 53, 54, 62/63, 66, 74, 77, 78, 125)

12. Auflage 2014
Komplett überarbeitet und neu gestaltet
© MAIRDUMONT GmbH & Co. KG, Ostfildern
Chefredaktion: Marion Zorn
Autor: Karl Teuschl
Redaktion: Marlis von Hessert-Fraatz; Verlagsredaktion: Ann-Katrin Kutzner, Nikolai Michaelis
Bildredaktion: Gabriele Forst, Barbara Schmid
Im Trend: wunder media, München
Kartografie Reiseatlas: © MAIRDUMONT, Ostfildern; Kartografie Faltkarte: © MAIRDUMONT, Ostfildern
Innengestaltung: milchhof:atelier, Berlin; Titel, S. 1, Titel Faltkarte: factor product münchen
Sprachführer: in Zusammenarbeit mit Ernst Klett Sprachen GmbH, Stuttgart, Redaktion PONS Wörterbücher
Das Werk einschließlich aller seiner Teile ist urheberrechtlich geschützt. Jede urheberrechtsrelevante Verwertung ist ohne Zustimmung des Verlags unzulässig und strafbar. Das gilt insbesondere für Vervielfältigungen, Übersetzungen, Nachahmungen, Mikroverfilmungen und die Einspeicherung und Verarbeitung in elektronischen Systemen.
Printed in China

BLOSS NICHT 👆

Zum Schluss ein paar Hinweise auf Dinge, die Sie meiden sollten

DIE ENTFERNUNGEN KANADAS UNTERSCHÄTZEN

Unterschätzen Sie nicht die Dimensionen Kanadas. Besonders im Norden der Provinzen kann ein Fingerbreit auf der Landkarte eine elend lange Tagestour auf Schotterstraßen bedeuten. Für eine vierwöchige Reise genügt es völlig, sich *einen* Landesteil vorzunehmen: den Osten oder den Westen. Sonst artet der Urlaub nämlich schnell zur Kilometerfresserei auf dem Highway aus.

DIE REGELN DER NATIONALPARKS VERLETZEN

Bei jährlich 30 Mio. Besuchern gilt es, sich an die Regeln zu halten: Kein Tier darf gefüttert, kein Zweig abgebrochen werden. Ein Wildblumenstrauß kann Sie bis zu 500 $ Strafe kosten. Jagen ist generell verboten.

UNVORSICHTIG SEIN

Kanada ist ein sicheres Reiseland. Trotzdem sollten Sie die übliche Vorsicht nicht außer Acht lassen. Gelegenheit macht auch in Kanada Diebe. Also am Parkplatz keine Kameras offen im Wagen liegen lassen, in den Großstädten nicht nachts allein durch dunkle Seitenstraßen gehen.

OHNE NOTIZ IN DIE WILDNIS WANDERN

Sei es ein Tag, eine Woche oder ein Monat, den Sie auf einer Wanderung oder Kanutour in der unberührten Wildnis verbringen wollen: Hinterlassen Sie immer eine Notiz über Ihre geplante Route und die voraussichtliche Zeit der Rückkehr – beim Kanuvermieter, beim Buschpiloten, der Sie ins Hinterland fliegt, oder beim *warden* im Nationalpark. Auch jede Polizeistation *(RCMP)* nimmt solche Meldungen entgegen. Falls etwas schiefgehen sollte, kann ein Suchtrupp losgeschickt werden.

Vergessen Sie aber nicht, sich zurückzumelden, wenn Sie wieder wohlbehalten angekommen sind.

DIE AUSLANDSKRANKEN-VERSICHERUNG VERGESSEN

Als Ausländer sind Sie beim Arzt oder im Krankenhaus grundsätzlich Privatpatient. Ein Tag im kanadischen Hospital kann leicht 1000 $ und mehr kosten. Eine Jahresversicherung für Urlaubsreisen ist bereits für 10–20 Euro zu bekommen – und Sie reisen wesentlich beruhigter.

OHNE MOSKITOSCHUTZ REISEN

Die winzigen Plagegeister sind auf Wanderungen oft Ihre ständigen Begleiter. Was tun? Locker sitzende Kleidung hilft. Dicke Holzfällerhemden und weite Jeans. Durch eng anliegende Hosen stechen die Biester glatt hindurch. Alle frei liegenden Körperteile – Hals, Hände, Gesicht und auch die nur durch dünne Socken geschützten Fußknöchel – sollten Sie mit einem Mittelchen aus dem Drugstore besprühen. *Off, Muskol* oder *Cutter* wirken erfahrungsgemäß gut.